KB052595

최윤덕 장군

백지국 | 영남대학교 외래교수

김강식 | 한국해양대 교수

김주용 | 국립창원대학교 박물관 학예실장

창원문화원 학술총서 2

최윤덕 장군

초판 1쇄 인쇄 2023년 12월 13일
초판 1쇄 발행 2023년 12월 20일

지은이 백지국, 김강식, 김주용
펴낸이 윤관백
펴낸곳 선인
등 록 제5-77호(1998.11.4)
주 소 서울시 양천구 남부순환로48길 1(신월동 163-1) 1층
전 화 02)718-6252/6257 | 팩 스 02)718-6253
E-mail suninbook@naver.com

정 가 15,000원

ISBN 979-11-6068-857-3 93900

창원문화원 학술총서 2

최윤덕 장군

백지국, 김강식, 김주용

선인

오늘날 남북 대치와 안보 불안이 가중되어 국방 강화가 그 어느 때보다도 요구되는 시점에서 창원이 낳은 전국 인물인 최윤덕 장군의 생애와 업적을 정리한 『최윤덕 장군』을 발간하게 된 것은 우리 지역민만의 뜻이 아니고 국민 모두의 안보 의식 강화와 애국 애족 정신 고양에도 크게 기여하리라 봅니다.

그런 의미에서 지난 11월 15일 우리 창원문화원이 주관한 〈최윤덕 장군 학술 세미나〉는 바람직한 국방 정책과 자주국방 강화가 얼마나 중요한가를 깨우쳐 준 계기가 되었다고 봅니다. 또 지난 세미나에서는 최윤덕 장군의 생애와 업적을 깊이 있게 재조명했고 그분의 위업을 계속 기려야 한다는 뜻깊은 시간이 되었습니다.

이에 우리 창원문화원에서는 세미나에서 발표된 내용을 책으로 엮어 최윤덕 장군의 국가에 대한 충성심과 그분의 숭고한 업적을 후손들에게 널리 알리고자 합니다.

또한 오직 국가를 위한 일념으로 헌신하신 이런 분들의 빛나는 투혼을 발굴·보존·전승함이 우리 지역 정체성 확립에도 크게 기여된다고 봅니다. 아무쪼록 이 책이 그분의 위업이 정당하게 평가받도록 하고 또 후손들의 나라 사랑 신념의 귀중한 자료가 되기를 기대합니다. 감사합니다.

2023. 12.

창원문화원장 이오건

목차

최윤덕의 가계와 생애

백지국 | 영남대학교 외래교수

Ⅰ. 머리말

조선 건국 초 동아시아 국제정세는 큰 변화를 맞이했다. 원·명 교체라는 국제질서의 재편 속에 조선의 북쪽에 북원·몽골·여진 등 야인세력이 자리를 잡았다. 일본에서는 남조(南朝)와 북조(北朝)가 분열하여 통제력이 약해진 틈을 타 왜구가 준동하였다. 격변하는 대외정세의 흐름 속에 조선 정부는 사대교린(事大交隣)을 외교의 기본 방침으로 삼았다.

우선 명과는 건국 초 영토 문제 등을 이유로 갈등을 겪기도 했지만, 적극적인 친명정책을 통해 점차 우호적인 관계를 형성하였다. 북쪽 변경의 여진족과는 건국 초 우호적인 관계를 유지하였지만, 태종 즉위 후 관계에 틈이 생기면서 충돌이 이어졌다. 일본 역시 회유책과 강경책을 함께 구사하였으나, 왜구 문제는 여전히 해결되지 않았다.

조선은 여진족과 왜구에 대응하기 위해 방어 체제를 정비하고 방어 전략을 새롭게 구축해 갔다. 그 과정에서 여진족과의 군사적 충돌은 피할 수 없었다. 특히 세종은 북방 개척에 매우 적극적이어서, 1433년(세종 15)과

1437년(세종 19) 2차에 걸친 여진 정벌을 통해 4군 6진을 설치하였다. 또한, 1419년(세종 1) 대마도 정벌을 단행하고, 축성을 통해 하삼도 지역에 대한 왜구의 침략을 대비하였다.

세종 대 진행된 국방정책에서 가장 중요한 역할을 한 인물이 바로 최윤덕(崔閏德)이다. 최윤덕은 여말선초 북로남왜(北虜南倭)의 혼란한 시기에 무반 출신으로서 여러 업적으로 남겼다. 태종과 세종의 신임을 받으며 여진과 왜구 방어에 앞장섰고, 그 공을 인정받아 우의정(右議政)·좌의정(左議政)에 올랐다.

최윤덕은 조선 초 왕조가 정립되는데 중요한 역할을 하였다. 그럼에도 불구하고 최윤덕에 관한 학계의 면밀한 검토는 양적으로 부족하다고 평가할 수 있다. 단독 논문은 강성문의 「최윤덕의 국가방위론과 군사관」 1편이고, 이 외에 세종 대 이루어진 북벌 정책이나, 조선 전기 여진 정벌을 주제로 한 연구에서 최윤덕을 다루고 있는 정도이다.

이에 본 글에서는 최윤덕의 가문적 배경과 그의 사환 활동을 재조명해 보고자 한다. 최윤덕의 관력과 각종 군사 활동은 『조선왕조실록(朝鮮王朝實錄)』에 수록된 기사를 중심으로 정리하고, 『호연공문집(浩然公文集)』, 『통천최씨양세실기(通川崔氏兩世實記)』 등을 통해 그의 가계와 공적, 그리고 추숭 활동을 살펴보도록 하겠다.

Ⅱ. 최윤덕의 가문적 배경

최윤덕의 본관은 통천(通川), 자는 여화(汝和)·백수(伯修), 호는 임곡(霖谷), 시호는 정렬(貞烈)이다. 통천 최씨는 원래 경주(慶州)의 토성(土姓)이었으나,

통천으로 이속하여 속성(續姓)이 되었다. 속성은 『세종실록지리지』에 처음 확인되는데, 여대 이래 고적(考籍)에는 없으나, 『세종실록지리지』 편찬 당시 관계 보고문서인 '관(關)'에 처음 기재된 것을 수록한 것이다. 『세종실록지리지』를 편찬할 때 추가로 속록(續錄)했다고 하여 붙여진 용어로 판단된다.

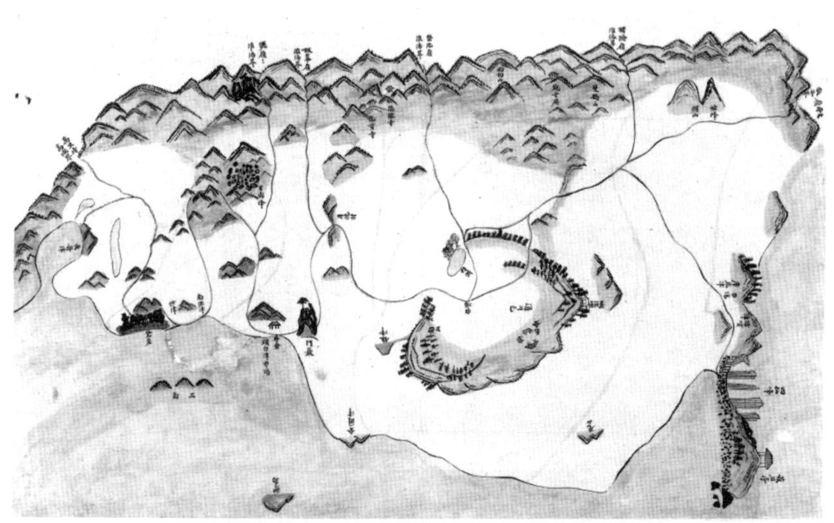

〈그림 1〉「통천지도(通川地圖)」(1872)[출처: 서울대 규장각]

『세종실록지리지』 강원도, 통천군, 토성 조

【국역】

속성이 5이다. 맹(孟), 최(崔), 이(李)〈경주에서 왔다.〉 박(朴)〈영해(寧海)에서 왔다.〉, 손(孫)〈평해에서 왔다. 최·이·박·손의 4성은 모두 향리이다.〉

【원문】

續姓 五 孟 崔 李 〈慶州來〉 朴〈寧海來〉 孫〈平海來 崔 李 朴 孫四姓 皆鄕吏〉

〈표-1〉 속성에서 기가(起家)하여 관인이 된 인물

관향	인물	관향	인물
통천	최운해·윤덕	안악	김조(金稠)
평산	한철충(韓哲冲)	진산	김천석(金天錫)
장수	황희(黃喜)		

* 이수건의 『한국의 성씨와 족보』(2003) 192쪽의 내용을 정리한 것이다.

속성이 기재된 시기는 『세종실록지리지』 편찬된 1432년경이지만, 속성을 담은 문적은 고려 후기부터 있었다. 속성 출신 인물의 내력을 확인해 보면, 위의 〈표-1〉과 같이 14세기 중엽 이전에는 없고 주로 여말선초부터 확인되기에 속성의 형성 시기가 여말선초로 판단된다. 속성의 등장 배경은 『세종실록지리지』 강령현(康翎縣)의 토성 조 기록을 통해 유추할 수 있다.

【국역】

강령현 … 속성[1] 조(趙)〈해안(海安)에서 왔다.〉, 임(任) 〈장연(長淵)에서 왔다. 위 2성은 홍무 을해년 본현이 쇠잔하여 없어져서 도평의사(都評議使)에게 보고하여 부근으로 이입(移入)하여 향리(鄕吏)로 삼았다.

【원문】

康翎縣… 續姓二 趙〈海安來〉 任〈長淵來 右二姓 洪武乙亥 以本縣殘亡報都評議司 以附近移人 爲鄕吏〉

위의 기록은 1395년(태조 4) 강령현의 읍세가 약해지면서 향리가 부족하게 되자, 도평의사에게 보고하여 해안의 토성이던 조씨와 장연의 토성인

---

1 원문에는 내성으로 기재되어 있다. 『세종실록지리지』를 보면 내성의 경우 향리(鄕吏)와 관련된 주기(主記)가 없는데, 강령현의 내성에만 향리 주기가 확인된다. 이는 '속성'을 '내성'으로 착오하여 기록한 것으로 이해된다. 본문에서는 속성으로 수정하여 표기하였다.(이수건, 『한국의 성씨와 족보』, 서울대학교 출판문화원, 2003, 188쪽.)

임씨를 강령현 속성으로 이속시켜 향리로 삼았다는 내용이다. 향리는 고려·조선 시대 동안 조세를 징수하고, 군현의 행정 실무를 수행하였다. 그러나 고려 후기 이후 북로남왜의 혼락 속에 토성 이족이 유망하면서, 각 군현과 임내(任內)의 향리·장리(長吏)가 부족하게 되었다. 이를 해결하기 위해 여말선초 정부는 열읍(列邑) 간 향리 수를 조정하였고, 그 결과 속성이 등장한 것이다.

즉, 최윤덕의 선대는 본래 경주의 토성 세력이었으나, 통천으로 이주하여 속성으로 편제되었으며, 고을의 향역(鄕役)을 담당하였었다. 이후 여말선초 정치·사회적 변동 속에 향역을 담당하던 이족(吏族)의 일부가 사족(士族)을 성장하였고, 사환·복거(卜居)·혼인 등을 매개로 통천을 떠나 타읍으로 옮겨 가게 되었다.

조식(曹植)은 자신의 외조모인 정부인 최씨(貞夫人崔氏)를 기리며 쓴「정부인최씨묘표(貞夫人崔氏墓表)」에서 통천 최씨 창원 입향조가 최윤덕의 조부인 최록(崔錄)이라고 하였다. 그러나 기록의 소략으로 최록의 창원 입향 경위는 알 수 없다. 다만, 당시의 혼례 관행상 서류부가혼(壻留婦家婚)에 따라 처가입향(妻家入鄕)하는 경우가 일반적이었으므로, 혼인이 중요한 매개가 되었던 것으로 보인다.

『南冥集』 권2, 묘지,「貞夫人崔氏墓表」

【국역】

정부인 최씨가 태어난 곳은 회창(會昌: 창원)에 있는 정승의 옛집이고, 돌아가신 곳은 초계(草溪)에 있는 원융(元戎)의 세거지였다. 정승은 가문을 온전히 해 4대에 걸쳐 대신의 자리에 올랐으며, 충성과 정절을 세습하여 사직을 지탱한 공이 있었다. 부인이 시집오기 전의 가문을 칭찬하는 것도 중요하지만, 그것으로 부인의 행실을 치장하기에는 부족하다. … 부인의 본관은 통천이다. 대장군(大將軍) 록(錄)은 우리 태조(太祖: 이성계)와 함께 고려 말 벼슬을 하였다. 이 분이 처음으로 회창에 살게 되었는데, 오늘날의 창원부(昌原府)이다. 록은 판서 운해(雲海)를 낳았고, 운해는 좌의정 윤덕(閏德)을 낳았으니 이분이 부인의 증조부이다. 조부는 숙손(叔孫)인데 자헌대부 전라도 병사를 지냈다. 아버지 계한(季漢)은 훈련원 참군(訓鍊院 參軍)을 지냈다. 어머니 김씨는 현감 진(振)의 아들이신 신(晨)의 딸이다.

【원문】

貞夫人崔氏之生也於會昌政承之舊也 亡也於草溪元戎之世也 政承全門四世居鈞軸之位 世襲忠貞 功在社稷 夫人爲家兒 稱其門則大矣 侈夫人之行 則未也…夫人系出通川郡 大將軍錄 與我太祖竝任麗季 始居于會昌 即今之昌原府也 錄生判書雲海 雲海生左議政潤德 寔夫人之曾王父也 王父曰叔孫 資憲大夫全羅道兵使 考諱季漢 訓鍊參軍 妣金氏 縣監振之子晨之女也.

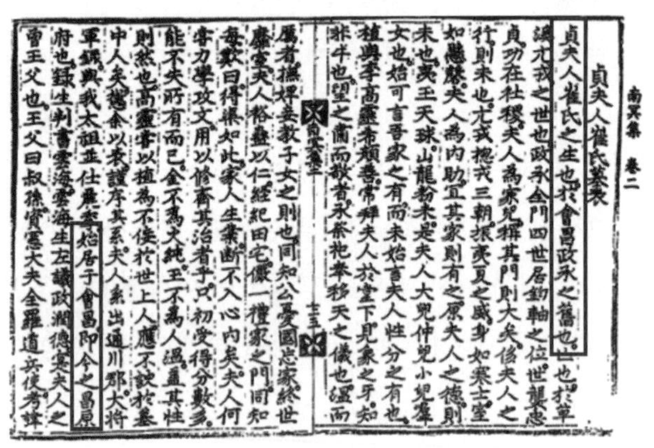
南冥集 卷二

貞夫人崔氏墓表

貞夫人崔氏之生也於會昌政承之舊也亡也於草溪元戎之世也政承全門四世居鈞軸之位世襲忠貞功在社稷夫人爲家兒稱其門則大矣侈夫人之行則未也元戎德戎三朝振奏夏之威身如寒士室如懸磬夫人爲內助宜其家則有之原夫人之德則未也奧王天球山龍黼黻是夫人大兒仲兒小兒宰女也始可言吾家之有而未始言夫人性分之有也植與李高靈希顔善常稱夫人於堂下見象之牙知非牛也望之齋而敬者承祭祀奉移天之儀也溫而

南冥集卷二 十三

厲者撫婢妾教子女之則也同知公憂國忘家終世靡室夫人裕蠱以仁經紀田宅儼一禮家之門同知每歎曰得操知此家人生業斷不入心內矣夫人何嘗力學攻文用以修齊其治者乎只初受得分數多能不失所有而已金不爲犬純玉不爲人溫蓋其性則然也高靈審以植爲不佞於世上人應不缺於基中人矣遂命以表謹序其系夫人系出通川郡大將軍錄與我太祖並仕麗季始居于會昌即今之昌原府也錄生判書雲海雲海生左議政潤德寔夫人之曾王父也王父曰叔孫資憲大夫全羅道兵使考諱

고려 시대 창원 지역은 변경에 위치 한 해읍(海邑)으로 중앙과의 교류가 활발하지 않았다. 그런 가운데 고려 후기 여원연합군이 창원을 일본 동정(東征)의 주둔지로 삼으면서, 창원의 토성 세력이 원 및 중앙 세력과 인연을 맺게 되었다. 이후 중앙으로 진출한 창원의 토성 세력이 활발한 활동을 이어가면서, 통혼권도 점차 확대되었다. 그 결과 여말선초 동안 혼인을 매개로 창원에 이거하는 타 지역 토성 세력이 증가하였다. 최록이 창원에 입향한 것도 이 무렵이다. 그렇다면, 최록에게 창원은 처향 또는 외향일 가능성이 있다. 그러나 그의 부인이 평창 이씨(平昌 李氏)라는 것 외에 알려진 사실이 없어 창원과의 관계를 명확하게 밝힐 수 없었다.[2]

2 남원에 세거하는 합천이씨는 이적(李迪)을 입향조로 삼는다. 이적의 둘째 아들이 남원으로 장가를 들어 남원이 빙향지거(聘鄉之居)가 되었기 때문이다. 이적의 사례처럼 입향조 뿐만 아니라 그의 아들의 혼인도 입향의 요인으로 작용되었으므로, 최운해의 혼인 관계도 살펴 볼 필요가 있다. 하지만, 최운해의 경우 혼인관계가 자료마다 차이를 보이고 있어 명확하게 규명하기 어렵다. 이에 대해서는 후술하겠다.

통천 최씨 창원 입향조 최록은 고려 공민왕 때 활동하였으며, 호군(護軍) 등을 역임하였다. 1354년(공민왕 3) 고우성(高郵城) 전투에서 공을 세웠는데, 그 공으로 아들 최운해(崔雲海)가 충용위산원(忠勇衛散員)에 올랐다. 통천 최씨가 일약 명문가로 성장한 것은 바로 최록의 아들과 손자인 '최운해-최윤덕' 부자 대이다.

우선 『고려사』 열전과 『태종실록』에 수록된 최운해 졸기(卒記) 등을 통해 최운해의 행적을 정리하면 다음과 같다.

『고려사』 열전

【국역】

최운해의 자(字)는 호보(浩甫)이며, 통천군 사람이다. 아버지 최록은 호군(護軍)으로 고우성(高郵城) 전투에서 공이 있었다. 공민왕이 그 공을 기억하고 최운해를 충용위산원(忠勇衛散員)에 제수하였다. 여러 차례 관직을 옮겨 전공총랑(典工摠郞)이 되었다. 우왕(禑王) 때 충주병마사(忠州兵馬使)가 되어 나갔으며 왜적 6급을 참수하고 병장기를 노획하여 바쳤다. 또한 순흥(順興)·영주등처조전병마사(榮州等處助戰兵馬使)가 되었으며 경상도병선도관령사(慶尙道兵船都管領事)를 겸하여 여러 차례 왜적을 공격하여 모두 승첩(勝捷)을 올렸다. 마침내 순흥부사(順興府使)에 제수하고 말, 채색한 비단, 병장기를 하사하여 보냈다. 이때 왜적이 객관(客館)에 웅거하고 있으면서 침략하는 것이 하루도 빠지지 않았는데 최운해가 매일 전투를 하고 우마(牛馬)와 재화를 노획하여 바로 사졸과 주민(州民)들에게 주었다. 또한 어떤 곳에서는 경내의 인민들을 모아 죽을 쑤어 진휼하여 민이 굶어죽지 않으니 모두들 칭찬하고 흠모하였다. 적이 물러가자 벼슬을 뛰어넘어 전법판서(典法判書)에 제수되었다. 왜적이 원주(原州)·충주(忠州)·단양(丹陽)·제천(提川)을 노략질하니 최운해는 조전도병마사(助戰都兵馬使)가 되어 여러 차례 싸워 수급을 획득하여 바치니, 말과 채색비단을 하사하고 충주목사에 제수하였다. 왜적이 전라도를 침략하니 전주목사로 옮겼으며 곧이어 밀직부사(密直副使)에 제수하고 충근좌명공신(忠勤佐命功臣)의 칭호를 하사하였다. 또한 양광도광주등처절제사(楊廣道廣州等處節制使)가 되어 판광주목사(判廣州牧事)를 겸하였으며 신창(新昌)에서 왜적을 공격하여 패주시켰다.(이하 생략)

【원문】

崔雲海 字浩甫 通川郡人 父祿護軍 有功於高郵之戰 恭愍王追念其功 授雲海忠勇衛散員 累轉典工摠郞 辛禑時 出爲忠州兵馬使 斬倭六級 獲兵仗以獻 又爲順興榮州等處助戰兵馬使 兼慶尙道兵船都管領事 屢擊倭必捷 遂除順興府使 賜馬綵帛兵器遣之 時倭賊據客舘 侵掠無虛日 雲海日與戰 獲牛馬財貨 輒與士卒及州民 又於一處 聚境內人民 作粥賑恤 民不餓死 咸稱慕之 賊退 超授典法判書 倭寇原忠丹陽提川 雲海爲助戰都兵馬使 屢戰獲首級以獻 賜馬綵帛 授忠州牧使 倭寇全羅道 移全州牧使 尋拜密直副使 賜忠勤佐命功臣號 又爲楊廣道廣州等處節制使 兼判廣州牧事 擊倭于新昌走之

『태종실록』 최운해 졸기

【국역】

전 참판승추부사(參判承樞府事) 최운해가 졸(卒)하였다. 최운해는 통주 사람이니, 호군 최녹의 아들이다. 결발(結髮)하면서부터 종군(從軍)하여 용맹과 지략이 여러 사람보다 뛰어났었다. 그가 순흥 부사가 되었을 때 왜구가 한창 치열하니, 최운해가 자기의 즐거움을 물리치고 적은 물건까지도 남에게 나누어 주어 능히 사력(死力)을 다하게 하고, 먼저 적진(敵陣)에 올라 함몰(陷沒)시켰다. 여러 번 크게 승리함에 이르니, 이로 말미암아 이름이 알려졌다. 충주·전주·광주의 목사가 되고, 계림 부윤이 되어, 마음을 다하여 백성을 어루만지고 사랑하니, 이르는 데마다 인애(仁愛)의 덕(德)을 남김이 있었다. 경상도·충청도·전라도의 절제사가 되고, 이성(泥城)·강계(江界)의 안무사가 되고, 서북면(西北面)의 순문사가 되어, 위엄과 은혜가 아울러 나타나고 전공(戰功)이 최(最) 에 있으니, 명장(名將)이라고들 불렀다. 일찍이 태상왕(太上王)을 따라 위화도에서 돌아왔으므로, 원종 공신(原從功臣)을 하사하였다. 이때에 이르러 병으로 졸(卒)하니, 나이가 58세였다. 철조(輟朝)하기를 3일 동안 하고, 예(禮)로 부의(賻儀)하였다. 아들이 넷이니, 최윤덕(崔閏德)·최윤복(崔閏福)·최윤온(崔閏溫)·최윤례(崔閏禮)이다.

【원문】

戊申 前參判承樞府事崔雲海卒 雲海 通州人 護軍祿之子 結髮從軍 勇略出衆 其爲順興府使 倭寇方熾 雲海折甘分少 能得死力 先登陷陣 屢致克捷 由是知名 牧忠全廣州 尹雞林府 盡心撫字 所至有遺愛 節制慶尙 忠淸 全羅 按撫泥城 江界 巡問西北面 威惠并著 戰功居最 號爲名將 嘗從太上王 還自威化島 賜原從功臣 至是病卒 年五十八 輟朝三日 賻以禮 四子 閏德 閏福 閏溫 閏禮

최운해는 1347년(충목왕 3) 출생하였으며, 음직으로 관직에 진출하였다. 당시 북로남왜의 피해가 극심했는데, 최운해는 순흥·영주·원주·충주·단양·제천 등지에서 왜구를 물리쳤다. 우왕 대 단행한 요동정벌 때는 조민수(曺敏修) 군단에 배속되어 출정하였다. 조선 개창 후 개국원종공신(開國原從功臣)에 녹훈되었고, 도절제사(都節制使)·의흥삼군부사(義興三軍府事)·도병마사(都兵馬使)·순무사(巡撫使) 등을 역임하였다. 1402년에는 태조 이성계를 함흥에서 시위했고, 1404년 참판승추부사(參判承樞府事)가 되었다. 1406년 양장공(襄莊公)이란 시호(諡號)가 내려졌다.

최운해는 고려 말 왜구 격퇴에 공을 세우고 개국원종공신에 녹훈되면서, 통천 최씨 가문의 격을 일신시키는데 중요한 역할을 했다. 최운해를 이어 아들 최윤덕도 '태종–세종' 연간 국방상 주요 요직을 역임하고 재상에 오르면서 통천 최씨 가문은 당대 조선을 대표하는 명문가로 자리매김 하게 된다.

이처럼 '최록-최운해-최윤덕' 3대는 무반으로 관직 생활을 하였다. 최윤덕이 공신당(功臣堂)의 배향공신(配享功臣)으로 선정될 때 "경(卿)은 장문(將門)에서 나고, 무과(武科)에서 발탁되었다."라고 한 것처럼, 최윤덕의 통천 최씨 가문은 무반적 성격이 매우 강하였다. 무반 가문임에도 불구하고 일약 명문가로 성장할 수 있었던 데에는 여말선초 북로남왜라는 국가적 위기 속에 인재를 지속적으로 배출하며 공을 쌓았기 때문이다.

이후 최윤덕의 장남 최숙손(崔淑孫)이 무과에 급제하며, 무반 가문의 전통을 이어 갔다. 그러나 수양대군의 권력 찬달 과정에서 가문이 변고를 겪는다. 먼저, 장남 최숙손이 단종복위 운동에 연루되면서 유배되었다. 이때 최숙손뿐만 아니라 아들 최맹한(崔孟漢), 조카 최계한(崔季漢) 등이 함께 위리안치(圍籬安置) 되었다. 4남은 최영손(崔泳孫)은 또한 화를 당하였다. 그는 금성대군 일파로 몰린 유배된 뒤 사사되었다. 이후 강원도 영월에 있는 장릉(張陵) 배식단(配食壇) 별단(別壇)에 모셔져 있다. 이처럼 세조가 즉위하는 과정에서 통천 최씨 가문은 고초를 겪었고, 가세(家勢)는 크게 약화 될 수밖에 없었다.

한편, 최윤덕 장군의 모계(최운해의 배우자)의 경우 전승하는 자료마다 차이를 보인다. 먼저, 『고려사』, 『태종실록』, 『세종실록』, 『필원잡기』 등 조선 전기 자료는 아래와 같다.

『고려사』 열전

【국역】
최운해의 처 권씨는 성격이 투기가 심하고 사나워, 광주에 있을 때 최운해의 얼굴에 상처를 내었으며 옷을 찢고 좋은 활을 부러뜨렸다. 〈또한〉 칼을 뽑아 말을 찌르고 개를 때려 죽였다. 또한 최운해를 쫓아가 치고자 하였는데, 최운해가 도망하여 죽음을 면하고는 즉시 쫓아버렸다. 그러나 오히려 부부관계를 끊지 않았다가 영흥군(永興君) 왕환(王環)에게 시집갔는데 문하(門下府)에서 헌사(憲司)에 첩(牒)을 보내 국문하였다. 이 이후는 본조(本朝)에 들어간다.

【원문】
雲海妻權氏性妬悍 在廣州 妬傷雲海面 裂其衣 折良弓 拔劒刺馬擊犬斃 又追雲海 欲擊之 雲海走免 卽去之 然猶未絕 嫁永興君環 門下府牒憲司鞫之 自此以後 入本朝

『태종실록』 31권 16년 4월 14일

【국역】
사비(私婢) 가지장과 옥둔이 그 주인(최윤복)의 어미 권씨(權氏)를 죽였다. 권씨는 졸(卒)한 참판승추부사 최운해의 계실(繼室)이었다.

【원문】
私婢加知庄與玉屯殺其主母權氏 權氏 卒參判承樞府事崔雲海之繼室也.

『세종실록』 88권 22년 3월 1일

【국역】
영중추원사 최윤덕 계모(繼母)가 졸(卒)하였으므로 쌀·콩 합하여 30석, 종이 70권, 석회 60석을 하사하였다.

【원문】
領中樞院事崔閏德繼母卒 賜米豆并三十石 紙七十卷 石灰六十石

『필원잡기』 권1

【국역】
정렬공 최윤덕은 태어나자 곧 어머니가 죽고, 아버지 최운해는 변방(邊方)을 지켰기 때문에 그를 양육할 수 없었으므로 이웃에 있는 양수척(楊水尺)의 집에 부탁하여 키우게 하였다.

【원문】
崔貞烈公潤德生而母卒 父雲海鎭邊不能擧 托養于同隣楊水尺家

조선전기 기록에는 최운해의 배우자로 최윤덕의 생모, 계실(繼室) 인 안동 권씨(?~1416), 1440년(세종 22) 사망한 부인 등 3명이 확인된다. 최윤덕의 생모는 최윤덕을 낳고 바로 사망하였다.

1921년 간행된 『호연공문집(浩然公文集)』과 1994년 간행된 『통천최씨양세실기(通川崔氏兩世實記)』에 수록된 「행장(行狀)」에 기록 된 내용은 다음과 같다.

「行狀」 尹文東(1779)

【국역】

어머니는 정경부인 청주 양씨이며 후모는 정경부인 안동 권씨이다. 양부인이 선생을 낳았다. 겨우 어린아이 일 때 양부인이 죽었다. 판서공(최운해)는 나랏일을 돌보느라 집안을 살필 겨를이 없는 까닭에 여비(女婢)로 하여금 기르게하고 외척쪽 양수척에게 탁양(托養)하였다.

【원문】

母貞敬夫人淸州楊氏 後母貞敬夫人安東權氏 楊夫人是實生先生 纔孩提楊夫人薨 判書公 王事靡盬 不遑家食 故使女婢乳之 托養于外戚楊水尺

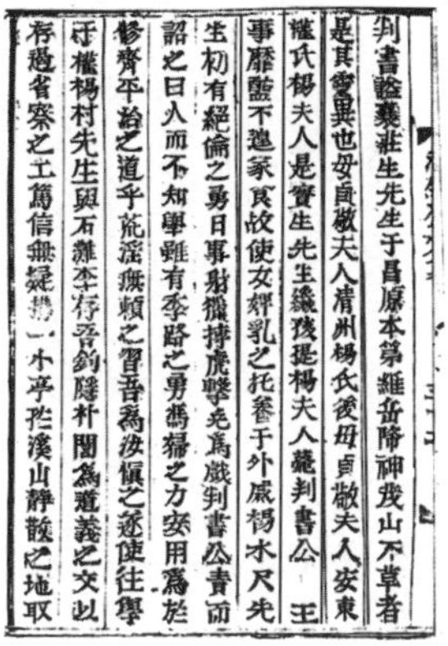
判書謚襄莊生先生于昌原本第維岳降神我山不草者
是其靈異也母貞敬夫人淸州楊氏後母貞敬夫人安東
權氏楊夫人是實生先生纔孩提楊夫人薨判書公 王
事靡盬不遑家食故使女婢乳之托養于外戚楊水尺先
生初有絶倫之勇日事射獵搏虎擊兎爲戲判書公責而
詔之曰人而不知學雖有季路之勇焉歸之力安用爲於
修齊平治之道乎荒淫無賴之習吾爲汝愼之遂使往學
于權楊村先生與石灘李存吾釣隱朴闓爲道義之交以
存遏省察之工篤信無疑 [illegible] 一小亭於溪山靜散之地取

「貞烈公行狀」 金羲淳(1807)

【국역】

부인 청주 양씨는 지수(之壽)의 딸로, 공(최윤덕)을 낳았다. 양부인이 죽자 양장공(최운해)은 안동 권씨 가문에 장가갔다. 아들 둘을 낳았는데, 둘째 윤옥, 셋째 윤복이다. 권부인도 일찍 죽었다. 양장공은 명을 받아 진변(鎭邊)에 있었으므로 공(최윤덕)과 더불어 두 동생을 같은 동네 양수척의 집에 탁양하였다.

【원문】

娶淸州楊氏 贊成之壽女 生公 楊夫人卒 襄莊公娶于安東權氏家 生二男 仲潤玉 系潤福 權夫人早卒 襄莊公受命在鎭邊 公與二弟托養于同閈 楊水尺家

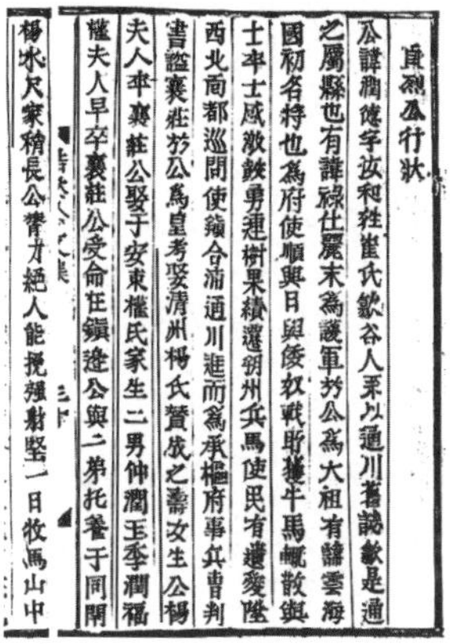
貞烈公行狀
公諱潤德字汝和姓崔氏歙谷人系以通川舊號歙是通
之屬縣也有諱祿仕麗末爲護軍於公爲大祖有諱雲海
國初名將也爲府使順興日與倭奴戰斬獲牛馬輒散與
士卒士感激鼓勇連樹果績遷朔州兵馬使民有遺愛陞
西北面都巡問使鎭合浦通川進而爲承樞府事兵曹判
書謚襄莊於公爲皇考娶淸州楊氏贊成之壽女生公楊
夫人卒襄莊公娶于安東權氏家生二男仲潤玉季潤福
權夫人早卒襄莊公受命在鎭邊公與二弟托養于同閈
楊水尺家稍長公膂力絶人能挽强射堅一日牧馬山中

「行狀」丁昌夾(1865)

【국역】

부인 청주 양씨는 지수의 딸이다. 공을 고려말에 낳았다. 정부인이 일찍 세상을 떠났다. 양장공은 항상 변방의 진영에 있어 손수 기를 수 없었으므로, 공을 이웃의 양수척 집에 양탁하였다.

【원문】

妣貞夫人楊氏 之壽女 公生於麗季 貞夫人早沒 襄莊公恒在邊鎭不能撫 養託公於同隣楊水尺

「행장」에는 최운해의 배우자로 청주 양씨·안동 권씨 2인이 있으며, 청주 양씨를 최윤덕의 생모로 기록한다.

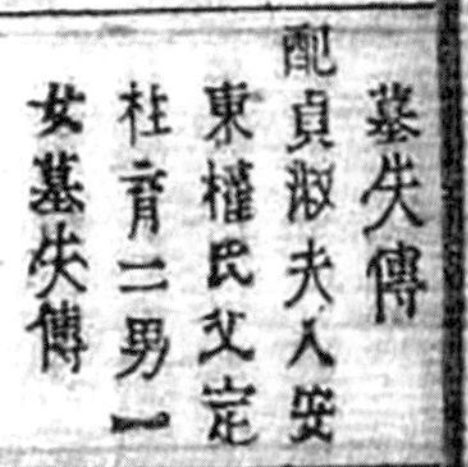
墓失傳
配貞淑夫人安
東權氏父定
柱育二男一
女墓失傳

配貞淑夫人昌
原李氏墓祔
公墓右
配貞淑夫人清
州楊氏父僉
議贊成之壽
祖僉議政承
上黨伯忠憲
公延曾祖天
鵬侍中尙書
仁保外祖安
國祥生一男

〈그림 2〉『通川崔氏世譜』(1915)[출처: 국립중앙박물관소장]

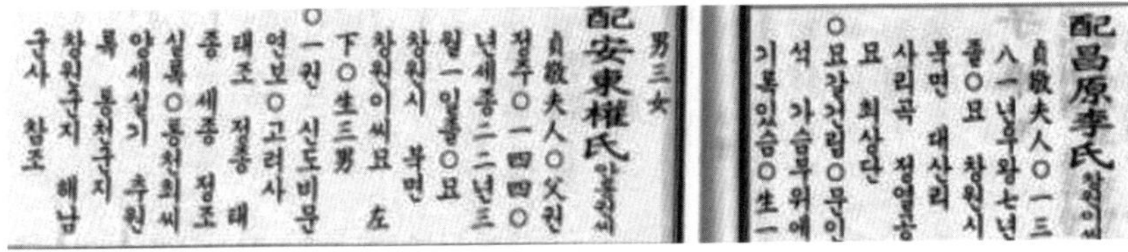
配昌原李氏 창원이씨
貞敬夫人○一三
八一년우왕七년
졸○묘 창원시
북면 대산리
사리곡 정열공
묘 좌상단
○묘갈건립○문인
석 가슴부위에
기록있슴○生一
男三女
配安東權氏 안동권씨
貞敬夫人○父권
정주○一四四○
년세종二二년三
월一일졸○묘
창원시 북면
창원이씨묘 左
下○生三男
○一권 신도비문
연보○고려사
태조 정종 태
종 세종 정조
실록○통천최씨
양세실기 추원
록 통천군지
창원군지 해남
군사 참조

〈그림 3〉『通川崔氏大同譜』(2005)

1915년 간행된 『통천최씨세보』에는 최운해의 배우자로 창원 이씨·청주 양씨·안동 권씨 3인이 확인되며, 창원 이씨는 소생이 없고, 청주 양씨는 1남, 안동 권씨는 2남 1녀를 두었다고 기록한다. 2005년 간행된 『통천최씨 대동보』에서는 최운해의 배우자로 창원 이씨·안동 권씨 2인을 수록하고, 창원이씨가 1남 3녀, 안동 권씨가 3남을 둔 것으로 기록한다.

한편, 창원 북면 대산리에 있는 통천 최씨 가문의 묘역에서 비석과 문인석 등이 확인되었다. 『창원시 문화유적 정밀지표조사보고서』(1994)에 따르면 ① 묘 부근에서 발견 된 석비에 "善德元年丙午十一月 日■■老谷里良山資憲大夫參判義興三府■■議政府■■護軍襄莊公崔雲海妻叔夫人李氏 女子護軍尹膽妻 長子正憲大夫議政府參贊閏德 長孫 監察 淑孫 淑子 淑智"라 새겨져 있으며, ② 또 다른 비석에는 "配貞淑夫人昌原李氏 兵曹判書贈領議政襄莊公崔雲海之墓"라고 각석되어 있다. ③ 동쪽 문인석 흉배에는 "■■閏德 ■貞淑夫人 政丞崔雲海", ④ 서쪽 문인석에는 "政丞 崔雲海妻貞淑夫人李氏墓 子政丞 閏德"등의 명문이 있다. 훼손이 심하여 정확한 내용을 확인하기 위해서는 지속적인 연구가 필요하지만, 명문에 최운해와 최운해의 처 창원 이씨가 확인되며, 그녀의 아들로 최윤덕을 기록하고 있다.

최운해의 혼인 관계는 창원에서 통천 최씨 가문의 사회적 기반을 이해하는데 중요한 근거가 되지만, 자료의 편차로 명확한 규명이 어려운 상황이다.

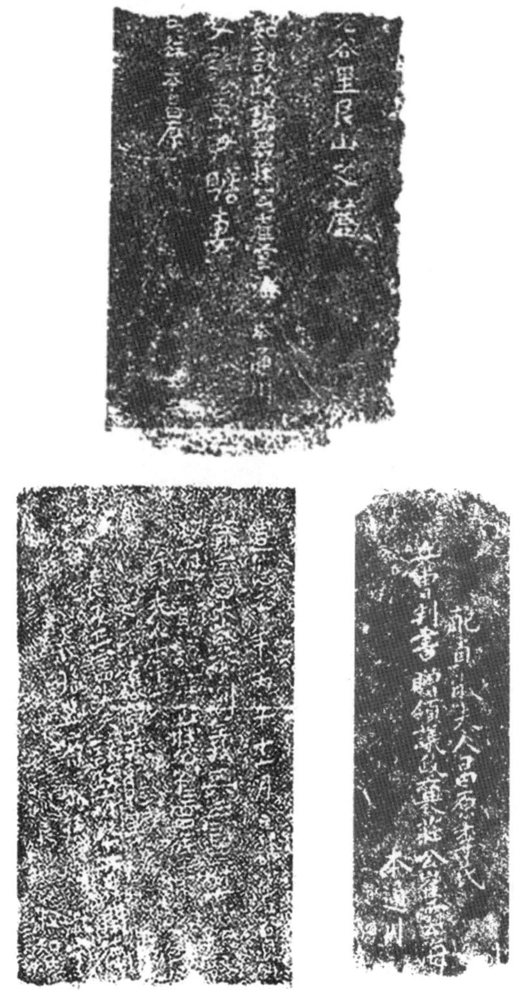

〈그림 4〉 통천최씨 묘역 출토 비석 탁본[출처: 『최윤덕장상』(1997)]

〈그림 5〉 최윤덕 가계도[3]

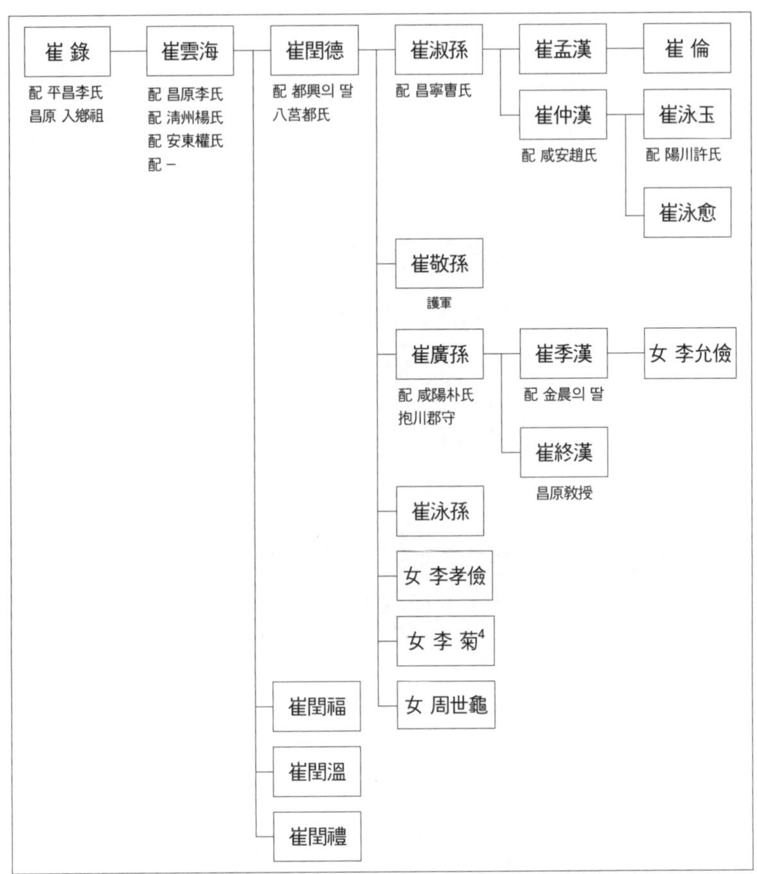

3 가계도는 『통천최씨세보』를 기본으로 작성하되, 『태종실록』에 수록된 최운해 졸기와 『통천최씨추원록』 등의 내용을 참고하였다.

4 『통천최씨세보』에는 최윤덕의 딸이 이국(李菊)과 혼인한 것으로 기록되어 있다. 『인천이씨족보』에는 최경손의 딸이 이국과 혼인한 것으로 기록한다. 조식이 쓴 「정부인최씨묘표」는 최운해–최윤덕–최숙손–최계한으로 가계가 이어지며, 최계한의 딸이 이국과 결혼하였고, 둘 사이에서 태어난 딸이 조식의 외조모라 기록한다.(『남명집』 권2, 묘지, 「정부인최씨묘표」 "錄生判書雲海 雲海生左議政潤德 寔夫人之曾王父也 王父曰叔孫 資憲大夫全羅道兵使 考諱季漢 訓鍊參軍 妣金氏 縣監振之子晨之女也") 가장 이른 자료이며, 자신의 외조모의 가계를 정리한 「정부인최씨묘표」 의 내용이 신빙성이 가장 높으나, 통천최씨 가문 전체의 가계가 확인되지 않아 가계도는 『통천최씨세보』의 내용으로 정리하였다.

Ⅲ. 최윤덕의 생애와 사환활동(仕宦活動)

〈그림 7〉『창원부읍지(1899)[출처: 서울대 규장각]

최윤덕은 1376년(우왕 2) 창원 북면 내곡리에서 출생하였다. 관료로 진출하기 이전 최윤덕의 행적에 대해서는 서거정(徐居正)의 『필원잡기(筆苑雜記)』에 다음과 같이 소개되어 있다.

【국역】

정렬공 최윤덕은 태어나자 곧 어머니가 죽고, 아버지 운해는 변방(邊方)을 지켰기 때문에 그를 양육할 수 없었으므로 이웃에 있는 양수척(楊水尺)의 집에 부탁하여 키우게 하였다. 조금 장성하자 기운이 남보다 뛰어나고 굳센 활을 당겨서 단단한 물건을 쏴 맞추었고, 때로는 양수척을 따라 사냥하러 나가서 짐승을 많이 잡아 왔다. 하루는 산중에서 가축을 먹이는데 큰 범이 별안간 숲속에서 나와서 여러 짐승이 놀라 달아났다. 공은 급히 말을 타고 활을 쏘아 한 발에 죽이고, 집에 와서 양수척에게 알리기를, "어떤 짐승이 무늬가 얼룩지고 그 크기가 엄청난 것이 있었는데, 그것이 무엇입니까. 내가 이미 쏘아 죽였습니다." 하였다. 양수척이 가보니, 한 마리의 큰 범이었다. 이에 양수척은 그를 기이하게 여겼다.

가군(家君)[서거정의 부친 서미성(徐彌性)]께서 합포(合浦)를 지킬 적에 양수척이 최공을 데리고 가서 뵙고 공을 칭찬해 마지않으니, 가군께서 이르기를, "마땅히 시험해 보겠다."하고, 같이 사냥하여 재주를 시험하니, 공이 좌우로 달리며 쏘아 맞히지 못하는 것이 없었다. 보는 이가 못내 칭찬하였으나, 가군께서는 웃으며 말하기를 "이 아이의 솜씨가 비록 빠르나 아직 무예(武藝)의 법을 알지 못한다. 지금 하는 것은 곧 사냥꾼의 기술이요, 무예의 좋은 재주라고는 할 수 없다." 하시고, 곧 활을 쏘고 적을 막는 방법을 가르쳐서 마침내 명장이 되었다.

【원문】

崔貞烈公潤德生而母卒 父雲海鎭邊不能擧 托養于同隣楊水尺家 稍長膂力絕人 挽强射堅 時隨水尺出獵 所獲實多 一日牧山中 有大蟲瞥出林莽 諸畜犇散 公驟騎一發一箭斃之 來報水尺曰 有物斑紋 其大顒然 是何物 吾已射殪之 水尺往見 乃一大虎也 水尺異之 家君出鎭合蒲 水尺以公往謁 譽公不已 家君曰當試之 及與校獵 公左右馳射 發無不中 觀者嘖嘖稱美 家君笑曰 兒手雖敏 而尙未識軌範 兒今所爲乃山虞技耳 不可謂之長技 仍敎射禦之方 遂爲名將

『필원잡기』에 따르면 최윤덕의 모친은 그를 낳자마자 사망하였고, 부친 최운해는 변방을 수호하는 탓에 집을 보살피지 못한 것으로 나타난다. 이에 같은 마을의 양수척이 최윤덕을 양육하였다. 이후 합포에 부임한 서미성에게 활 쏘는 법과 병법을 배웠다고 한다.

한편, 그가 유년기를 보낸 창원이라는 공간 또한 그를 명장으로 만드는 자양분이 되었을 것이다. 창원은 지리적으로 일본과 가까워 국방상 요충지 중 하나로 평가된다. 특히 고려 말 창원 지역에 왜구의 출몰이 빈번하였기에 최윤덕은 일찍이 왜구의 폐해를 직접 보거나 들었을 것이다. 이러한 경험은 훗날 최윤덕의 국방 정책에도 일정부분 영향을 끼쳤던 것으로 보인다.

성장한 최윤덕은 음직으로 관직에 나갔다. 이에 앞서 1396년 최윤덕은 아버지를 따라 영해(寧海) 반포(磻浦)에서 왜구를 물리쳤다. 1400년(정종 2) 태종은 최윤덕을 불러 반포의 일을 물은 뒤, 부사직(副司直)을 제수하여 훈련관에서 근무하게 되었다.

최윤덕은 무과에 응시해 회시(會試)를 통과하였으나, 아버지 최운해를 따라 이성(泥城)을 수비하느라 전시(殿試)에 응하지 못하였다. 이에 태종이 1402년 무과 방(牓) 끝에 최윤덕의 이름을 수록해 주었다. 이후 호군(護軍)을 제수 받았고, 1403년 대호군(大護軍)으로 승진하였다. 1404년 부친 최운해가 세상을 떠나자, 태종이 기복(起復)을 명하였다. 1410년(태종 10) 무과에 합격하였다. 이후 태종·세종 두 임금의 신임 속에 사환을 이어나가는데, 『조선왕조실록』을 통해 관력을 정리하면 〈표-2〉와 같다.

〈표-2〉 최윤덕의 관력

제수 및 확인 시기	관직
1400년(정종 20)	부사직(副司直)
1402년(태종 2)	호군(護軍)

제수 및 확인 시기	관직
1403년(태종 3)	대호군(大護軍)
1406년(태종 6)	태안군사(知泰安郡事)
1407년(태종 7)	대호군(大護軍)
1410년(태종 10) 5월 22일	동북면 조전 지병마사(東北面助戰知兵馬使) 제수
6월 1일	경성 병마사(鏡城兵馬使) 제수
1411년(태종 11) 1월 12일	경성 절제사(鏡城節制使) 제수
8월 2일	우군 동지총제(右軍同知摠制) 제수
8월 5일	경성 등처 도병마사(鏡城等處都兵馬使) 제수
1412년(태종 12) 6월 25일	재도감(齋都監) 제조(提調) 겸임
7월 25일	중군 절제사(中軍節制使) 제수
1413년(태종 13) 8월 23일	우군 절제사(右軍節制使) 제수
1415년(태종 15) 4월 18일	우군 총제(右軍摠制) 제수
1418년(태종 18) 7월 2일	좌군 총제(左軍摠制) 역임
8월 27일	중군 도총제(中軍都摠制) 제수
1419년(세종 1) 4월 8일	의정부 참찬(議政府參贊) 제수
5월 20일	삼군 도절제사(軍都節制使) 제수
1421년(세종 3) 7월 4일	공조판서(工曹判書) 제수
10월 6일	정조사(正朝使) 임명
1423년(세종 5) 1월 25일	평안도 병마절제사(平安道兵馬都節制使) 제수
12월 11일	우군 도총제(右軍都摠制) 제수
1425년(세종 7) 7월 5일	의정부 참찬(議政府參贊) 제수
1426년(세종 8) 8월 8일	사복 제조(司僕提調) 겸임
1427년(세종 9) 1월 26일	판좌군부사(判左軍府事) 제수
1428년(세종 10) 윤 4월 20일	병조판서(兵曹判書) 제수
1429년(세종 11) 12월 19일	삼도순문사(三道都巡問使) 겸직

제수 및 확인 시기	관직
1430년(세종 12) 1월 8일	판중군부사(判中軍府事) 제수
9월 4일	도순찰사(都巡察使) 겸직
1432년(세종 14) 6월 9일	판중추원사(判中樞院事) 제수
1433년(세종 15) 1월 11일	평안도 도절제사(平安道都節制使) 겸직 * 천거
1월 19일	영영변도호부사(領寧邊都護府事) 겸직
2월 21일	중군도절제사(中軍都節制使) 겸직
5월 16일	의정부 우의정(議政府右議政) 제수
6월 22일	평안도 도안무찰리사(平安道都按撫察理使) 겸직
1435년(세종 17) 2월 1일	좌의정(左議政) 제수
1436년(세종 18) 4월 14일	좌의정(左議政) 제수
7월 4일	영중추원사(領中樞院事) 제수
1442년(세종 24) 5월 12일	영중추원사(領中樞院事) 제수
1444년(세종 26) 11월 17일	영중추원사(領中樞院事) 제수

무반으로 관직에 진출한 최윤덕은 군사상 중요한 직책을 역임하였고, 무신으로서는 파격적으로 우의정·좌의정에 올랐다. 관료로 활동하던 중 주목할 만한 업적으로 대마도 정벌, 북방 방어, 축성 활동 등이 있다.

먼저 대마도 정벌과 관련된 최윤덕의 활동을 살펴보겠다. 조선 정부는 고려 후기부터 지속된 왜구의 침입을 해결하기 위해, 사신을 파견함과 동시에 해상 방어 체제 구축해 나갔다. 그 결과 일단의 성과를 거두었으나, 평화 유지는 쉽지 않았다. 조선의 요구에 따라 흥리왜선(興利倭船)을 통제하고 있던 대마도 수호(對馬島守護) 소오 사다시게(宗貞茂)가 1418년(태종 18) 사망하면서, 그동안의 안정이 깨지기 시작했다. 소오 사다시게의 뒤를 이어 도주가 된 소오 사다모리(宗貞盛)는 나이가 어린 탓에 대마도 내 실권은 사에몬다로(早田左衛門太郎)가 장악하였고, 어수선한 대마도의 정세 속에 왜구의 노략질이 재발하였다. 그런 가운데 1419년(세종 1) 대마도에 근거지를 둔 왜구가 명나라를 오가는 과정에서 비인현(庇仁縣) 도두음곶(都豆音串)을 침략하는 이른바 '비인현왜구사건(庇仁縣倭寇事件)'이 일어났다. 이를 계기로 조선 정부는 왜구 문제를 뿌리 뽑기 위한 대마도 정벌을 단행하였다.

1419년 5월 14일 상왕 태종과 세종은 대신들을 불러 대마도 정벌에 대한 구체적인 계획을 논의하였다. 이에 장천군(長川君) 이종무(李從茂)를 삼군도체찰사(三軍都體察使)로 삼고 경상·전라·충청의 3도 병선 2백 척과 정벌군을 조직하였다. 5월 18일 상왕 태종과 세종이 두모포(豆毛浦) 백사정(白沙汀)에 거둥하여 이종무 등 장수를 전송하였고, 6월 20일 정벌군은 대마도에 도착해 대승을 거두었다. 이 과정에서 최윤덕은 삼군 도절제사가 되어 제군을 통솔하였다. 이러한 사실은 『세종실록』에 다음과 같이 언급되어 있다.

> 상왕이 영의정 유정현(柳廷顯)을 삼도 도통사로, 참찬 최윤덕을 삼군 도절제사로, 사인(舍人) 오선경과 군자 정(軍資正) 곽존중을 도통사 종사관(都統使從事官)으로, 사직(司直) 정간(丁艮)과 김윤수(金允壽)를 도절제사 진무(都節制使鎭撫)로 삼았다.(『세종실록』 권4, 1년 5월 20일.)

> 도절제사 최윤덕이 떠날 때에, 상왕이 활과 화살을 주어 보냈다.(『세종실록』 권4, 1년 5월 21일.)

> 최윤덕이 내이포에 이르러 군사를 엄하게 정비하고, 왜인으로 포에 온 자는 다 잡아다가 멀리 떨어진 곳에 분치하고, 각 관에서는 완악하고 흉한 자로서 어찌할 수 없는 평망고(平望古)와 같은 21인을 목 베니, 왜인이 감히 동하지 못하였다. 망고는 평도전(平道全)의 아들이다.(『세종실록』 권4, 1년 6월 1일.)

왜적 평망고가 난을 일으켜 심복을 거느리고 칼을 들고 바로 앞으로 다가서니 여러 장수들은 놀라서 얼굴빛을 잃었는데, 최윤덕이 갑옷을 입고 걸상에 앉아서 꾸짖으니, 왜적의 기운이 꺾였다. 조용히 의리로 타일러서 보내고, 경기(輕騎, 날랜 기병)를 발하여 맞아 싸워서 죽였다. 여러 장수가 대마도를 토벌하였는데, 도통사 유정현이 돌아와서 태종에게 아뢰기를, '최윤덕은 운주(運籌, 작전 계획)함이 기이하고 절묘하며 일을 처리함이 적중하였습니다.' 하니, 임금이 말하기를, '경은 그를 아는 것이 늦었다.'하였다.(『단종실록』 권7, 1년 9월 24일.)

『세종실록』에 따르면 5월 20일 삼군 도절제사가 된 최윤덕은 내이포로 내려갔다. 내이포는 당시 김해의 속현인 웅신현(熊神縣)에 위치한 포구이다. 1407년(태종 7) 내이포·부산포, 1418년(태종 18) 염포 등을 통교왜인(通交倭人)에게 개항하였다. 이후 조선 전기 조·일 관계의 핵심 공간이었다. 내이포에 도착한 최윤덕은 군기를 다스리고, 평소 수령의 말을 듣지 않았던 평망고 등 왜인 21명의 목을 베어 내이포를 진압하였다. 또한 대마도 정벌 시 삼도 도통사를 지낸 유정현이 최윤덕의 전술을 높이 평가한 내용이 수록되어 있다.

두 번째로 최윤덕은 조선 전기 북방 방어에 괄목한 성과를 이루었다. 조선 개국 초 조선과 여진은 우호적인 관계였다. 조선 정부는 여진족에게 관직을 주는 등 회유책을 펴는 동시에 압록강·두만강 일대를 조선의 영토로 개척하며, 동북면에 대한 통제 강도를 높이고 있었다. 그러나 태종 이방원이 권력을 장악하는 과정에서 불만을 가진 안변부사 조사의(趙思義)와 신덕왕후 강씨의 조카 강현(康現)이 1402년 난을 일으키게 되었고, 여진족이 여기에 참전하면서 조선과 여진과의 관계에 균열이 생기기 시작하였다. 거기다가 명이 건주위(建州衛)·모련위(毛憐衛) 등에 위소(衛所)를 설치하고 여진족에게 관직을 수여하자, 이 지역 여진족의 귀속 문제를 둘러싸고 조선·명·여진 사이에 갈등이 일어났다. 그런 가운데 1406년과 1410년 여진이 경원을 침략해 오자 정부는 논의 끝에 여진 정벌을 결행하였다. 이후 여러 차례 여진족이 변경을 침략하였고, 이에 대한 방비가 요구되었다. 이 시기 최윤덕은 동북면 조전 지병마사, 경성 병마사, 경성 절제사, 경성병마사 등을 제수 받아 함경도 북부지역을 방비하였다.

1415년 우군 총제 제수와 대마도 정벌 및 정조사 파견 등으로 최윤덕은 잠시 북방에서 떠나 있었다. 그리고 1423년 평안도 병마절제사에 제수되면서 다시 북방 방어에 힘쓰게 되고, 세종의 청으로 1년을 연장하여 평안도 도절제사로 부임하였다. 1425년 의정부 참찬을 거쳐, 1428년에는 병조 판서에 올랐다.

이 무렵 여진족 사이에 큰 변화가 있었다. 1423년 동맹가첩목아(童猛哥帖木兒)가 다시 아목하(阿木河, 회령) 지역으로 돌아왔고, 다음 해 1424년 이만주(李滿住)가 자신의 무리를 이끌고 압록강 중류의 파저강(婆猪江) 지역으로 이주해 오면서 두 집단을 중심으로 한 갈등이 발생하였다. 압록강 일대에 여진족의 국지적 침탈이 계속되던 중 1432년 여연(閭延)을 침략하는 사건이 일어났다. 이만주는 홀라온올적합(忽剌溫兀狄哈)이 조선인을 잡아가던 것을 자신이 보호하고 있다고 알려 왔다. 하지만 여진족 침탈에 이만주가 직·간접적으로 개입되었다는 의심이 제기되었고, 정부는 이만주 세력에 대한 정벌을 논의하였다. 정벌에 대해 대신들과 최윤덕은 신중한 자세를 취하였으나, 세종의 의지는 확고하였다. 정벌이 결정되자 최윤덕은 1433년 평안도 도절제사에 제수되어 이만주 토벌의 책임자로 여진 정벌에 나서게 된다.

최윤덕의 여진 토벌 경위와 성과는 1433년 5월 5일 평양 소윤 오명의(吳明義)를 보내어 야인 평정을 하례한 전(箋)과 같은 달 7일 박호문이 올린 치계(馳啓)를 통해 확인할 수 있다.

> 지난 임자년 12월에 파저강 야인들이 우리 북변을 침략하므로, 신이 선덕(宣德) 8년 정월 19일에 명을 받들고 길을 떠났사온데, 3월 27일에 공경히 교서를 받들어 곧 삼군 절제사 이순몽 등에게 명하여, 군사를 일곱 길로 나누어 4월 19일 날샐 무렵에 쳐들어가 그 죄를 물어 더러운 오랑캐를 다 평정하였다.(『세종실록』 권60, 15년 5월 5일.)

> 선덕 8년 3월 17일에 공경히 부교(符敎)를 받들고 장차 파저강의 도둑을 토벌하려고 하였으며, 좌부(左符)를 보냄에 이르러 병부를 맞추어 보고 군사를 발하였나이다. 이에 곧 본도의 마병(馬兵)·보병의 정군(正軍) 1만을 발하고, 겸하여 황해도 군마(軍馬) 5천을 거느리고 4월 초10일에 일제히 강계부에 모여서 군사를 나누었는데, 중군 절제사 이순몽은 군사 2천 5백 15명을 거느리고 적괴 이만주의 채리(寨里)로 향하고, 좌군 절제사 최해산은 2천 70명을 거느리고 거여(車餘) 등지로 향하고, 우군 절제사 이각(李恪)은 1천 7백 70명을 거느리고 마천(馬遷) 등지로 향하고, 조전(助戰) 절제사 이징석은 군사 3천 10명을 거느리고 올라(兀剌) 등지로 향하고, 김효성은 군사 1천 8백 88명을 거느리고 임합라(林哈剌) 부모의 채리(寨里)로 향하고, 홍사석은 군사 1천 1백 10명을 거느리고 팔리수(八里水) 등지로 향하고, 신은 군사 2천 5백 99명을 거느리고 정적(正賊) 임합라의 채리로 향하여, 본월 19일에 여러 장수들이 몰래 군사를 거느리고 가서 토벌을 마쳤습니다. 이제 사로잡은 것과 머리를 벤 것, 마소와 군기(軍器) 를 탈취한 수목(數目)과, 아울러 우리 군사가 화살에 맞아 죽은 사람 및 화살을 맞은 인마(人馬)의 수목을 열거하여 아룁니다.(『세종실록』 권60, 15년 5월 7일.)

최윤덕은 1월 19일 세종의 명을 받아 정벌에 나섰다. 파저강의 여진을 토벌하기 위해 본도의 마병·보병의 정군 1만 명, 황해도 군마 5천의 정벌군을 이끌고 강계부로 간 최윤덕은 중군 절제사 이순몽, 좌군 절제사 최해산, 우군 절제사 이각, 조전 절제사 이징석, 김효성, 홍사석 등과 7개의 길로 나누어 여진을 공격하였고, 19일 토벌 완료하였다. 이만주를 체포하지 못하였지만, 토벌은 대승으로 끝났다.

〈표-3〉 여진 토벌 성과

	포로	사살	말	소	부상	아군 사살
최윤덕	62명	98명	25필	27마리	20명	4명
이순몽	56명	–	–	–	–	–
최해산	1명	3명	–	–	–	–
이 각	14명	43명	11필	17마리	–	
이징석	56명	5명	25필	33마리	–	–
김효성	16명	13명	6필	12마리	3명	–
홍사석	31명	21명	–		–	–
計	236명	183명	67필	89마리	23명	4명

〈표-3〉에서 알 수 있듯 여진족 피해는 포로 236명, 사상자 183명이고, 아군의 피해는 부상 23명 사망 4명이었다. 획득한 말이나 소, 병기 또한 우세하였다.

여진 토벌 이후 최윤덕은 우의정에 올랐다. 조선 전기는 유학적 통치 관념이 뿌리내리고 있던 시기로 조선 후기보다 문·무차별이 적었다. 무반 출신이라 해서 고위 정무직에 등용할 수 없다는 편견이 상대적으로 약한 시기였다. 그렇다 할지라도 무반 출신이 정승 반열에 오르는 것은 결코 쉬운 일이 아니었다. '태종~성종' 대 무과급제자 중 정승에 오른 인사는 최윤덕과 박원종(朴元宗) 2명뿐이다.[5] 박원종의 경우 중종반정 주동자로서, 중종

5 김해나, 『조선 초기 무과급제자 위상에 대한 고찰』, 성균관대학교 석사학위논문, 2014, 31~34쪽.

초반 정승을 지냈기에 오로지 무반으로서의 능력을 바탕으로 정승에 오른 최윤덕과는 성격이 다르다.

그렇다면 세종은 어떤 이유로 최윤덕을 정승으로 삼았을까?

최윤덕을 의정부 우의정으로 삼고, 권진을 우의정으로 치사(致仕)하게 하였다. … 처음에 임금이 제장(諸將)의 공을 포상(褒賞)하기 위하여 대신들에게 의논하니, 허조는 영중추(領中樞)를 가설(加設)하여 윤덕을 상주자 하고, 맹사성은 자기 벼슬을 주고자 하여, 두 의견을 결정하지 못하였는데, 제수(除授)하는 날에 이르러 특히 좌대언 김종서에게 명하여 이부(吏部)의 선임(選任)을 맡게 하니, 군신들이 그 까닭을 알지 못하였다.

임금이 제수할 때를 당하여 종서를 인견하고 이르기를, "경은 거년의 말을 기억하는가. 경과 더불어 일찍이 말하기를, '윤덕이 가히 수상(首相)이 될 만하다.'고 하였는데, 수상은 그 임무가 지극히 중하므로 전공(戰功)으로 그 벼슬을 줄 수 없는 것이다. 지금 윤덕이 비록 전공이 있다 할지라도 덕이 없으면 단연코 제수할 수 없는 것이다. 내가 전후에 사람을 취하고 버리는 것이 이와 같으니, 경은 거년에 말한 바와 오늘의 의논한 바를 가지고 다시 여러 대신들과 잘 의논하여 보고하라."라고 하였다.

종서가 나와서 맹사성 등과 논의하니, 모두 말하기를, "윤덕은 공평하고 청렴하고, 정직하고 부지런하며, 조심하여 봉공(奉公)하는 사람이니, 비록 수상을 삼을지라도 부끄러움이 없다."라고 하였다.

임금이 말하기를, "나의 뜻이 이와 같았는데 대신의 뜻도 이와 같으니 권진의 벼슬을 대신하게 하라. 내가 작은 벼슬을 제수할 적에도 반드시 마음을 기울여서 고르는데 하물며 정승이리오. 윤덕은 비록 배우지 않아서 건백(建白)의 일에 어두우나, 밤낮으로 게으르지 아니하고 일심봉공(一心奉公)하여 족히 그 지위를 보전할 것이다."라고 했다.(『세종실록』 권60, 15년 5월 16일.)

최윤덕의 우의정 발탁은 세종의 강력한 의지로 이루어졌다. 세종은 문·무반을 차별하지 않고 능력을 바탕으로 실리적으로 인사를 발탁하였다. 이는 분명 세종이 지닌 리더로서의 자질이겠지만, 이러한 결정을 이끌어 낸 것은 최윤덕이 지닌 관료로서의 역량일 것이다.

또한, 기사에서 확인할 수 있듯이 무장 최윤덕의 공과 전문성은 여진 정벌의 결과가 말해주고 있다. 하지만 정승의 자리는 전공만으로 오를 수 없었다. 정승이 되기 위해선 인품과 자질이 요구되었는데, 세종은 최윤덕을 "근면·정직·청렴한 인물"로 평가하였다. 세종의 이러한 인물평은 우의정 제수전부터 확인된다.

> "곧고 착실하여 거짓이 없으며, 근신(謹愼)하여 직무를 봉행(奉行)하므로 태종께서도 인재라고 생각하시어 정부(政府)에 시용(試用)하였노라. 전조(前朝)와 국초(國初)에 간혹 무신(武臣)으로서 정승을 삼은 이가 있으나, 어찌 그 모두가 윤덕보다 훌륭한 자이겠는가. 그는 비록 수상(首相)이 되더라도 또한 좋을 것이다. 다만 말이 절실하지 못한 것이 많다. 하윤(河崙)이 정승이 되어 모든 정무(政務)를 처리할 때, 조영무(趙英武)가 거기에 옳으니 그르니 하는 일이 없었다. 만약 한 사람의 훌륭한 정승을 얻으면 나랏일은 근심 있을 수 없다."(『세종실록』 권56, 14년 6월 9일.)

어찌 보면 세종은 오래전부터 정승 자리에 최윤덕을 염두 했을지도 모른다. 김종서와 맹사성의 평가에서도 이러한 최윤덕의 인품과 역량을 확인할 수 있다. 당시 김종서는 최윤덕의 인품을 칭찬하며 우의정 제수를 찬성하였고, 좌의정이었던 맹사성 역시 자신을 치사(致仕)하고 그 자리에 최윤덕에게 양보하는 모습을 보여주었다.

우의정에 오른 최윤덕은 6월 평안도 안무찰리사를 겸직하며 평안도 지역 방어를 전담하였다. 평안도로 간 최윤덕은 여진 정벌 후 여연부터 의주 강변까지 방어 대책을 마련하고, 국경 방어를 위한 수목 벌채와 연변 주민의 이주에 관한 일을 맡았다. 그 공을 높게 평가한 세종은 1435년 좌의정을 제수하였다. 최윤덕은 그해 4월 비변사의(備邊事宜)를 올려 평안도 방비책을 개진하였다.

이처럼 1433년 여진 정벌부터 1435년까지 조선의 대 여진 정책 및 국경 지역 방어선 구축은 최윤덕을 중심으로 운영되었다.

그러나 정벌 이후 잠잠하던 여진이 1435년부터 침략을 재개하였다. 이에 여진 정벌 및 이후 방어 대책 책임자였던 최윤덕에 대한 문책이 있었다. 정부 대신과 사헌부에서는 최윤덕에 대한 처벌을 청하였으나, 세종은 허락하지 않았다. 대신 영중추원사라는 직책을 만들어 최윤덕에게 제수하였다.

영중추원사가 된 최윤덕은 북방 방어 일선에서 물러났고, 이천(李蕆) 등을 중심으로 여진 정벌이 진행되었다. 2차 정벌 역시 대승을 거뒀으나, 이만주의 신병을 확보하지 못하였다. 두 차례 여진 정벌 이후 세종은 압록강 변에 4개 군현[여연군(閭延郡)·자성군(慈城郡)·무창군(茂昌郡)·우예군(虞芮郡)]을 설치하였다. 이는 태종 대부터 진행되어 온 국방 정책으로 이른바 '4군 개척'으로 불린다. 이때 가장 큰 공을 세운 인물이 바로 최윤덕이다. 최윤덕은 태종·세종 연간 북방 방어와 여진 정벌의 일선에서 활약하며 4군을 개척하였고, 조선 전기 국경 방어선을 구축하는데 중추적인 역할을 했던것이다.

마지막으로 최윤덕의 축성 활동을 살펴보도록 하겠다. 국가를 수호하는 방법은 크게 첫째, 군비를 강화하여 적을 공격하는 것, 둘째, 적이 침입하지 못하게 방어하는 것, 크게 두 가지이다. 공격과 방어는 각기 장단점이 있어 시대적 상황에 맞게 선택하여 대비해야 하는데, 최윤덕은 공격과 방어 중 방어 전략을 선택하였고,[6] 백성의 생명과 재산을 보호하는 최선의 방책은 축성이라 생각하였다. 최윤덕은 각 고을별로 축성 조건을 정해 아뢰었다.

> 병조 판서 최윤덕이 각 고을의 성(城)을 축조할 조건을 들어 계하기를, "하삼도(下三道) 각 고을의 성 중에서 그 방어가 가장 긴요한 연변(沿邊)의 고을들은 산성(山城)을 없애고 모두 읍성(邑城)을 쌓을 것이며, 그 읍성으로 소용이 없을 듯한 것은 이전대로 산성을 수축하게 할 것입니다.
>
> 각 고을에서 성을 쌓을 때에는 각기 그 부근에 있는 육지의 주현(州縣)으로 혹 3, 4읍(邑) 혹 5, 6읍을 적당히 아울러 정하여 점차로 축조하게 할 것입니다.
>
> 민호의 수효가 적고 또 성을 축조할 만하지 않은 각 고을은 인읍(隣邑)의 성으로 옮겨 함께 들어가게 할 것입니다.
>
> 각 고을에 쓸 만한 옛 성이 있으면 그대로 수축하고, 쓸 만한 옛 성이 없으면 가까운 곳에 새로운 터(基)를 가리어 신축하게 할 것입니다.
>
> 각 고을에 견실하지 못한 성이 있으면 각기 호수의 다소를 참작하여 혹은 물리고 혹은 줄여서 적당하게 개축하게 할 것입니다.
>
> 각 고을의 성을 일시에 다 쌓을 수는 없는 것이므로 각기 성의 대소를 보아서 적당히 연한을 정하여 견실하게 축조하도록 하소서."(『세종실록』 권43, 11년 2월 10일.)

세종은 최윤덕의 의견을 받아들여 공조(工曹)로 하여금 이 일을 수행하게 했다. 또한 "성보는 실로 국가의 중대한 일이니 늦출 수 없다."라고 말하며 최윤덕의 축성론에 힘을 실어 주었다. 이에 1430년 도순찰사가 되어

6 강성문, 「최윤덕의 국가방위론과 군사관」, 『군사』 36, 국방부 군사편찬연구소, 1998, 42~43쪽.

12월부터 하삼도에서 축성을 시작하여 경상도의 연일(延日)·곤남(昆南)·합포, 전라도의 임피(臨陂)·무안(務安)·순천(順天), 충청도의 비인·보령(保寧) 등지에 성을 쌓았다. 이중 보령현의 축성 과정은 당시 축성의 실제를 잘 보여준다.

> 충청도 비인·보령의 두 현은 해구(海寇)들이 가장 먼저 발길을 들여놓는 지대인데, 비인의 읍성(邑城)은 평지에 위치하여 있고, 보령의 읍성은 높은 구릉(丘陵)에 위치하고 있어 모두 성터로 맞지 않습니다. 또 잡석(雜石)을 흙과 섞어서 축조한지라 보잘 것 없고, 협착한 데다가 또한 우물과 샘(泉)마저 없으니, 실로 장기간 보전할 땅이 아닙니다. 비인현 죽사동(竹寺洞)의 새 터와 보령현 고읍(古邑) 지내리(池內里)의 새 터는 삼면이 험준한 산을 의지하고 있는 데다가, 그 내면도 넓고 샘물도 또한 풍족하여 읍성을 설치하기에 마땅할 뿐 아니라, 본현과의 거리도 불과 1리밖에 되지 않아서 진실로 옮겨 가고 오는 폐단도 없사오니, 윗항의 새 터에 본도 중에서 벼농사가 잘된 각 고을에 적당히 척수(尺數)를 안배해 주어 10월부터 역사를 시작하게 하고, 감사와 도절제사로 하여금 그 축조를 감독하게 하옵소서.(『세종실록』 권49, 12년 9월 24일.)

> 도순문사 최윤덕이 경상도의 연일·곤남·합포와 전라도의 임피·무안·순천과 충청도의 비인·보령 등의 성을 쌓았다. 이 공사를 진행함에 있어서 부종관(副從官)을 시켜 창기를 데리고 연회를 베풀어, 군현에서 치다꺼리에 지치고, 백성은 근심하며 원망하는 자가 많았다.(『세종실록』 권50, 12년 12월 29일.)

> 보령이 경인년부터 바다 도적의 해를 입어 우리 태조 경진년에 봉당(鳳堂)에 성을 쌓고는 이를 방어하는 곳으로 삼았다. 그러나 성지(城池)가 얕고 좁은 데다가 험준하고 조격(阻隔)한 공고(鞏固)함과 우물을 보유하는 편리한 점이 없더니, 세종 경술년 가을에 순찰사 최윤

덕이 감사(監司) 박안신(朴安信), 원융(元戎) 이흥발(李興發)과 더불어 다시 성 동쪽 1리 지점인 지내동(池內洞) 당산(唐山) 남쪽을 살펴보고는, 서산 군사(瑞山郡事) 박눌생(朴訥生)과 현수(縣守) 박효함(朴孝諴)으로 하여금 공역을 헤아려 기한을 명하였던 바, 수 개월이 못되어 낙성(落成)을 고하게 되었다.(『신증동국여지승람』 권20, 충청도, 보령현, 궁실조.)

위의 기사에서처럼 태조 때 이미 방어를 위한 축성이 보령에서 이루어졌다. 그러나 성지가 얕고 좁은 데다 편리성도 떨어져 성으로 적합하지 않았다. 1430년 도순찰사로 보령지역을 방문한 최윤덕은 감사 박안신, 원융 이흥발 등과 지세를 살피고 새 터를 정 한 후 조정에 알려 역사를 허락받았다. 이후 서산 군수 박눌생과 보령현감 박효함 등에게 명하여 10월부터 축성에 들어가 3개월 만에 보령 읍성을 완공하였다.

〈그림 8〉 보령성곽[출처: 보령시청]

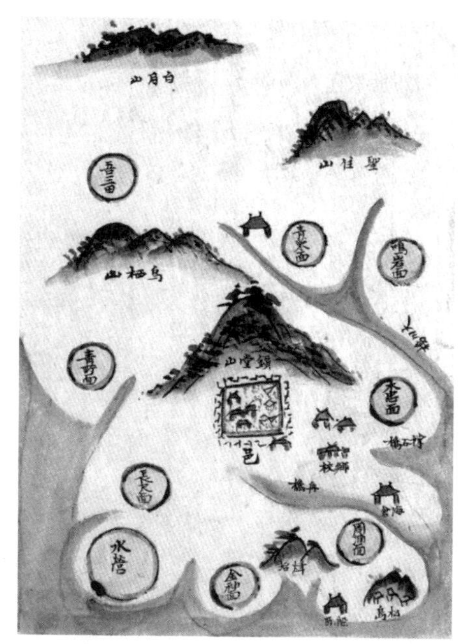

〈그림 9〉 보령지도[출처: 서울대 규장각 소장 충청남도 읍지]

순탄하게 진행되던 최윤덕의 축성 사업은 1431년 9월 중단되었다. 물력 부족을 호소한 대신들의 반대 때문이었다. 그러자 최윤덕은 예전에는 해안에 거주하는 백성이 없어 왜구가 내륙 깊숙이 들어와 약탈하였지만, 1419년 대마도 정벌 이후 해안에 거주하는 백성들이 증가하여 왜구가 쉽게 노략질할 수 있으므로 이에 대한 대비책으로 성을 쌓아야 한다고 피력하였다. 또한 대마도와 지리적으로 가까운 경상도 남해와 동래에 빨리 성을 쌓아 대비할 것을 주장하였다. 하지만 그의 의견은 수용되지 않았고, 1433년 여진 정벌의 책임자가 되어 북방으로 출전하였다. 1차 여진 정벌이 대승으로 끝나고 우의정에 오른 최윤덕은 평안도 안무찰리사를 겸직하며 평안도 지역 방어를 전담하게 되었는데, 이때 양계 지역에서 축성활동을 펼쳤다. 1435년 강계(江界)·벽동(碧潼)·여연·자성·이산(理山)·창성(昌城)·의주(義州) 등지에 7개의 성을 수축하였다.

하삼도와 북방 지역의 축성 작업은 왜구와 여진의 침입이 줄어든 안정기에 진행되었다. 최윤덕은 안정기 군사적 전략의 핵심은 방어이고, 방어에서 중요한 것은 바로 성이라 판단한 것이다.

이상과 같이 최윤덕은 개국 초 대내외적으로 혼란하던 시기 관직에 진출하여 대마도 정벌과 4군 개척에 큰 성과를 올렸다. 군사적으로 안정기에 들었을 때는 축성을 통한 방어책을 마련하였다. 세종은 이러한 최윤덕의 공을 인정하여, 무반이지만 그를 정승 반열에 올린 것이다.

Ⅳ. 사후 평가와 추숭 활동

최윤덕은 1445년 70세가 되던 해 궤장(几杖)을 하사받으며 관료로서 최고의 영예를 누리게 되었다. 그리고 그해 12월 세상을 떠났다. 묘소는 지금의 창원시 북면 대산리에 있다.

세종은 최윤덕의 죽음을 매우 슬퍼하며 조회를 3일 동안 폐하고 예관(禮官)에게 치제(致祭)를 명하였다. 이어 정렬(貞烈)이란 시호를 내렸는데, '정렬'의 '정(貞)'은 청백(淸白)하게 절조(節操)를 지킨 것, '열(烈)'은 공(功)이 있어 백성을 편안히 했다는 의미에서 내린 것이다.

이와 관련해 당시 치제문은 아래와 같다.

> 나라를 경륜(經綸)하고 임금을 보좌하는 일은 반드시 밝은 재상에게 힘입게 되고, 적(敵)의 예봉(銳鋒)을 꺾고 외모(外侮)를 막는 일은 훌륭한 장수에게 힘입게 된다. 옛날부터 나라가 잘 다스려지게 됨은 모두 그렇지 아니함이 없었는데, 완전한 인재(人才)에 이르러서는 그런 사람이 드물게 있었다. 경(卿)은 타고난 자질이 영민(英敏)하고 굳

세었으며, 마음가짐은 충성하고 정직하였다. 경사(經史)로써 도왔으니 더욱 견식(見識)이 컸었다. 옛날 선조(先朝)에 있을 적엔 알면 시행하지 않는 것이 없었으니, 매양 시종(侍從)을 맡아서 힘써 잠규(箴規)를 진언(進言)하였도다. 과궁(寡躬)을 섬김에 미쳐서도 시종(始終) 한결같은 지성(至誠)이었도다. 밖에 나가서나 안에 들어와서나, 혼자 노고하여 나라의 정간(楨幹)이 되었도다. 동쪽으론 바다의 도적을 정토(征討)하고, 북쪽으론 야인(野人) 오랑캐를 쳐서 국경을 소탕해 평정하니, 백성이 힘입어 편안하게 되었도다. 나아와서 정승의 자리(台司)에 있게 되매 나라의 모범이 되었는데, 중추부(中樞府)로 옮겨서 성령(性靈)을 수양하게 하였도다. 장차 오래 살아서 서정(庶政)을 함께 도모하려고 생각하였는데, 어찌 갑자기 이 한 병(病)에 일어나지 못할 줄을 알았으랴. 동량(棟樑)이 꺾어지고 간성(干城)이 무너졌도다. 하늘이 억지로 남겨 두지 않으니, 나의 슬픔이 어찌 그치겠는가. 아아, 죽고 사는 기한은 진실로 면할 수 없지마는, 사후(死後)의 영화로운 일은 마땅히 휼전(恤典)을 갖추어야 될 것이다. 이에 예관(禮官)에게 명하여 한 잔의 술을 올리게 하노니, 혼령이 있거든 와서 흠향하기를 바란다.(『세종실록』 권111, 28년 1월 17일)

최윤덕의 위상은 세종 승하 후 공신배향에서 명확히 드러난다. 공신당은 종묘 정전(正殿) 앞에 자리하는데, 각 국왕의 치세 중 가장 공이 있다고 여겨지는 인물의 위패를 안치하여 종묘 제향 시 같이 흠향하는 공간이다. 세종의 배향공신(配享功臣)은 7명으로 최윤덕을 비롯하여 황희(黃喜)·허조(許稠)·신개(申槪)·이수(李隨)와 추향한 양녕대군과 효령대군이다. 최윤덕이 배향공신으로 선정된 이유는 아래 기사에 잘 드러난다.

"적이 들어옴을 막아 내고 외모(外侮)를 방비하였으니 신하의 큰 훈공(勳功)을 능히 나타내었는데, 덕망을 존숭(尊崇)하고 공로에 보답할 것은 선왕(先王)의 이전(彝典)을 상고하였다. 이것은 공공(公

共)의 의리이고, 사사로운 은혜에서 나온 것은 아니다. 경(卿)은 장문에서 나고, 무과에서 발탁되었다. 용맹은 만인(萬人)의 적(敵)을 호령하고, 식견은 『육도(六韜)』의 기략(奇略)을 통달하였다. 우리 세종(世宗)을 섬겨 임금의 권애(眷愛)를 받아서 조정에 들어와서는 병병(兵柄)을 맡아서 군사를 통솔하되, 은혜와 위엄으로써 하고, 외직(外職)에 나아가서는 번유(藩維)를 맡아서 적군을 담소(談笑) 가운데에서 물리쳤다. 몸가짐에는 청검(淸儉)의 덕이 있고, 행군(行軍)하는 데는 기율(紀律)의 엄격함이 있었다. 옛날에 동쪽을 정벌할 때에는, 경(卿)이 부수(副帥)가 되었었다. 진군(進軍)을 하지 않고 앉아서 경상(境上)을 진압하고, 작전 계획에 참여하여 제군(諸軍)들을 지휘하였었다. 북쪽 오랑캐가 침범하게 되니, 변방의 백성들이 편안하지 못했었다. 경(卿)에게 전제(專制)의 임무를 맡겨서, 우리 문죄(問罪)의 군대를 정돈(整頓)시켰더니, 천의(天意)에 의한 주벌(誅伐)을 봉행(奉行)하여, 진군(進軍)함이 마치 범이 성낸 것처럼 돌진하였다. 여러 더러운 오랑캐를 다 죽이고 적의 소굴(梟巢)을 죄다 소탕하여 뒤집어버렸다. 나라의 위력(威力)을 먼 지방에 드날리고, 백성의 거처를 강토(疆土)에 안정시켰었다. 정승 자리에 지위를 승진시키니, 원수(元首)의 고굉(股宏)과 같았으며, 변방에 머물러 지키니 북문(北門)의 방비가 튼튼하여졌다. 나가서는 장수가 되고 들어와서는 재상이 되어 국가의 무겁고 가벼운 모든 일에 관여하였다. 전쟁에서 세운 공로를 생각한다면 마땅히 특수한 예우(禮遇)를 받아야 할 것이다. 그러므로 부묘(祔廟)하는 날에, 사당에 시위(侍衛)하는 반열(班列)에 참여하도록 한다. 아아, 처음부터 끝까지 변하지 아니하고 이미 정성을 다하여 선후(先后)를 보필하였으며, 유명(幽明)이 간격(間隔)이 없어 후인(後人)에게 복을 베풀 수 있을 것이다."(『문종실록』 권12, 2년 2월 12일.)

세종대왕과 소헌왕후의 신주(神主)를 부묘(祔廟)하기를 의식대로 하였다. 우의정 김종서에게 명하여 위판(位版)을 문소전(文昭殿)에

> 부(祔)하고, 익성공 황희, 정렬공 최윤덕, 문경공 허조, 문희공 신개, 문정공 이수를 묘정(廟庭)에 배향시켰다. … 최윤덕은 젊었을 때 청렴하고 정직하다고 이름이 알려졌는데, 후에 곤기(閫寄)를 받고서는 이르는 곳마다 위엄과 은혜를 아울러 베풀었다. 파저강(婆猪江)을 정벌할 때는 군율(軍律)을 지키기를 엄하게 하니, 세종이 그가 장수의 재간이 있다고 칭찬하였다. … 최윤덕은 침착하고 지혜가 있으며 너그럽고 용납함이 있었다. 청렴하고 검소하여 자신을 지키고, 질박하고 검소하여 꾸미지 아니했다. 걸출(傑出)한 무략은 세상에 뛰어나서 행군(行軍)하는 것이 기율(紀律)이 있었다. 동방(東方)과 서방(西方)에 힘껏 주선(周旋)하여 공로가 높아서 비할 이가 없었다.(『문종실록』 권13, 2년 4월 10일.)

배향공신에 대한 평가는 해당 국왕이 정치와 업적에 대한 당대의 평가와 궤를 같이 한다. 즉, 선왕의 치세를 명확하게 보여주는 인물을 배향공신으로 선정 하였으니, 선정된 인물에게는 매우 명예로운 일이었다. 최윤덕은 태종·세종 대를 대표하는 무반으로 국방 관련 주요 요직을 두루 거치고, 정승의 반열에 올라 국정 현안을 결정한 공이 배향공신에 오를 수 있었던 가장 직접적인 요인이었다.

최윤덕에 대한 평가는 후대에도 이어졌다. 1456년(세조 2) 집현전 직제학 양성지(梁誠之)가 춘추 대사·오경·문묘종사·과거·기인 등에 관한 상소를 올릴 때 무성묘(武成廟)를 세우고 제향 할 인물을 거론하였다. 무성묘란 무인의 명장을 제향하는 사당을 말한다. 이때 거론된 인물로 신라의 김유신(金庾信), 고구려의 을지문덕(乙支文德), 고려의 유금필(庾黔弼)·강감찬(姜邯贊)·양규(楊規)·윤관(尹瓘)·조충(趙沖)·김취려(金就礪)·김경손(金慶孫)·박서(朴犀)·김방경(金方慶)·안우(安祐)·김득배(金得培)·이방실(李方實)·최영(崔瑩)·정지(鄭地), 조선의 하경복(河敬復)·최윤덕(崔閏德)이었다. 문묘 제향이 유학자로서 최고의 영예라 한다면 무성묘 제향은 무인으로서 최고의 영예라 할 수 있다. 비록 무성묘는 건립되지 않았으나, 당시 신료들은 우리나라를 대표하는 무인으로 최윤덕을 손꼽았던 것이다.

한편, 정부는 최윤덕의 충절을 기리기 위해 정려를 내렸다. 기록이 실전되어 정려 시기는 알 수 없지만, 1779년(정조 3), 1794년, 1819년(순조 19) 1847년(헌종 13) 작성된 중수기의 존재로 보아 늦어도 18세기 이후에는 정려가 내려진 것을 알 수 있다.

최윤덕 정려각[출처: 디지털창원문화대전]

이러한 정부의 평가는 향촌의 사대부 계층에게도 영향을 주어, 최윤덕 제향의 사우 건립으로 이어졌다. 조선시대 동안 건립된 대표적인 최윤덕 제향 사우는 아래와 같다.

〈표-4〉 조선시대 최윤덕 제향 사우

소재지	원사명	건립 연대	사액 연대	제향 인물	지역적 연고	훼철	복설
평안도 안주	淸川祠	1684년	1707년	乙支文德 崔潤德 李元翼 金德諴	倅	1871년	–
강원도 통천	休山祠	기사년	–	崔潤德 鄭逑	家鄕	1866년	–
전라도 남원 (임실군)	館谷祠	18세기 전기	–	崔潤德 李亨南 李迪	家鄕	1868년	1952년
전라도 해남	三忠祠	1862년	–	崔雲海 崔潤德 崔山靜	家鄕	1868년	1958년경

조선시대 최윤덕을 제향하는 사우는 청천사(淸川祠), 휴산사(休山祠), 관곡사(館谷祠), 삼충사(三忠祠) 등이 있다.[7] 이중 사액을 받은 서원은 청천사(淸川祠) 1곳이다. 서원 건립에서 가장 중요한 것은 제향 인물로, 건립된 지역과 제향 인물의 연고가 명확해야 한다. 최윤덕 사우의 경우 쉬(倅) 1곳, 가향(家鄕) 3곳이다. 쉬(倅)는 지방관으로 부임하였던 곳이고, 가향은 관향(貫鄕)·선향(先鄕)·출생·세거(世居) 등을 포함한 지역에 서원이 건립된 경우이다.

먼저 1684년(숙종 9) 건립된 평안도 안주의 청천사는 유일한 사액 사우로서, 쉬를 연고로 최윤덕을 제향하였다.[8] 최윤덕을 비롯해 을지문덕(乙支文德)·이원익(李元翼)·김덕함(金德諴)을 제향한다. 최윤덕은 사환기 평안도 지역

7 이밖에 장수의 불천사(不遷祠), 함경도 용천사(龍川祠) 등이 있다.[『호연공문집』, 「행장」, 윤문동(1630); 「행장」, 김희순(1807); 「행장」, 정창엽(1865)]

8 『여지도서』에는 청천사 건립을 계해년으로 기록하는 반면, 『대동지지(大東地志)』에는 (『여지도서』 평안도, 안주, "淸川祠宇在州城南三里高麗大臣支文德我 朝貞烈公崔潤德文忠公李元翼忠貞公金德諴或有功業或有遺惠癸亥立祠丁亥賜額"; 『대동지지』 권 11, 평안도, 안주 "祠院淸川祠顯宗庚戌建 肅宗丁亥賜額乙支文德見平壤崔潤德李元翼俱見太廟".) 본 글은 『여지도서』의 기록을 따른다.

에서 활동하였는데, 이를 연고로 청천사에 제향 되었다. 안주는 재지사족의 세가 약한 곳 중 하나로, 경상도·전라도·충청도의 일반적으로 사우처럼 후손들이 주도한 것이 아니라, 평안도 사림의 공론 하에 관부의 지원을 받아 건립되었다.[9] 1707년(숙종 22) '청천(淸川)'으로 사액 받았으며, 1871년 흥선대원군의 서원훼철령에 따라 철폐되었다.

나머지 3곳은 가향을 연고로 건립되었다. 그 중 통천 휴산사는 최윤덕의 관향지이다. 건립 시기는 기사년이라고 전하나, 사료의 소략으로 정확한 연대를 밝히기 어렵다. 최윤덕과 정구(鄭逑)를 제향한다. 강원도 역시 평안도와 마찬가지로 재지사족의 세가 약한 지역 중 하나이다. 그 결과 조선시대 지역을 영도할 만한 인물을 배출하지 못하였다. 『신증동국여지승람』, 『여지도서』 등에 수록된 통천의 인물로 최운해·최윤덕 2인만 확인되는 것에서 통천 출신 인물의 한계를 짐작할 수 있다. 고려 말 최록이 창원으로 이거하면서 통천은 더 이상 최윤덕 일가의 세거지가 아니었음에도 통천의 재지사족 층은 최윤덕의 권위를 빌리고자 관향을 연고로 휴산사를 건립하였던 것이다.

남원 관곡사(館谷祠)와 해남 삼충사(三忠祠)는 세조와 연산군 대에 일어난 변고와 관련이 있다. 최운해의 3남 최윤온(崔閏溫)은 계유정난(癸酉靖難)이 일어나자 가족들과 함께 전라도 해남군 옥천면 대산리에 은거하였고, 최윤온의 후손들이 해남에 세거하기 시작하였다. 이를 연고로 해남의 통천최씨 후손과 전라도 유림들은 1862년(철종 13) 최운해·최윤덕·최산정(崔山靜) 3인을 제향하는 삼충사를 건립하게 되었다.

남원 관곡사[10]는 최윤덕의 손자 최맹한과 연관이 있다. 최맹한은 '세

---

9 이정빈, 「1847년 평안도 안주 지역의 을지문덕비 건립과 의미」, 『역사와 실학』 52, 역사실학회, 2013, 168~169쪽; 전용우, 『조선조 서원·사우에 대한 일고찰』, 충남대학교 대학원 석사학위 논문, 1985, 14~15쪽.

10 관곡사는 조선시대 남원부의 지사방에 건립되었다. 이곳은 1914년 행정구역 개

조-연산군' 대 두 번의 변고를 겪었다. 먼저 최맹한은 아버지 최숙손과 사촌 최계한 등과 단종복위 운동에 관련되어 1456년(세조 2) 유배를 갔으며, 몇 차례 이배(移配) 끝에 1468년(세조 14) 방면되었다. 유배지를 옮기는 과정에서 최맹한·최계한 2인만 확인되는 것으로 보아 최숙손은 유배 중 사망한 것으로 보인다. 1471년(성종 2) 최맹한·최계한의 직첩(職牒)을 돌려주며 긴 유배 생활은 끝이 난다. 이후 최맹한은 김종직(金宗直)과 교유하였다.

최맹한 일가는 연산군 즉위 후 다시 한 번 화를 입게 된다. 1498년(연산군 4) 무오사화(戊午士禍)가 일어났는데, 사초 문제로 국문을 받던 김일손(金馹孫)이 최맹한을 거론하게 되면서, 통천 최씨 가문도 처벌을 당하게 된다. 당시 최맹한은 사망한 후였기에 그의 아들 최륜(崔倫)이 남원(현재 장수군 서산면 건저리)로 유배되었다. 최륜은 갑자사화(甲子士禍) 때 사사되었으며, 그의 후손들은 유배지였던 남원에 정착하였다. 즉, 관곡사는 남원에 세거하던 통천 최씨 후손들이 일족 간의 결속력을 다지고, 선대의 충절을 기리고자 건립된 것임을 알 수 있다. 이와 관련해 다음 통문이 주목된다.

> 【국역】
>
> 삼가 생각하건대 숭현(崇賢)의 사당을 건립하는 일은 그 규모가 하나같지 않아서, 혹 선생이 본래 태어난 고을에는 건립되지 않았으나, 혹 머물고 거처하던 고을에 세워지기도 하며, 본도의 고을에는 창건되지 않았으나, 혹 후손들이 세거하는 땅에 창건되기도 하니, 우리 동방에서 제현(諸賢)의 사당이 소재한 곳을 살펴보건대 분명히 그러함을 증빙할 수 있다. 지금 통천 최씨 정렬공 선생과 합천 이씨 청호(淸湖)·비암(比巖) 양선생을 말하자면, 세 분 선생 모두 영남의 현인으로 정렬 선생의 고향은 창원이지만 사당이 없고, 청호·비암 양선생의 고향은 단구(丹丘)이지만 조두(俎豆)를 갖출 겨를이 없었는데, 본

편에 따라 임실군으로 편제되었다.

손 최씨가 본부 접경에 세거하고 이씨는 본부 여러 곳에 세거하니 또한 하물며 정렬 선생이 세묘(世廟)에 배식(配食)된 원훈(元勳)과 정란(靖亂)의 혜택이 또한 이 땅에 미쳐 청호·비암 양 선생에게 한 쪽은 머물고 거처하던 장소로써, 한 쪽은 처가가 있던 고을로써 유범(遺範)과 여운(餘韻)이 지금까지 호남 유생들이 우모(寓慕)하고 있다. 우리는 이에 세 분 선생에게 의례를 거행하는 일을 일으켜, 사우는 이미 관곡에 이루어 놓은 까닭에 유회에 예성(禮成)하는 날을 지정하여 우러러 아뢰니, 삼가 바라건대 집강(執綱)과 첨존(僉尊)께서는 경내 4면에다가 이 통문을 등시(謄示)해 주십시오.

【원문】

竊惟崇賢 建祠之擧 不一其規 或未建於先生本生之鄕 而或建於杖屨會留之邑 或未創於先生本道之邑而 或創於雲仍時居之地 顧我東諸賢祠所在處 而歷歷焉可以指證 今以通川崔氏貞烈公先生 及陜川李氏淸湖比巖兩先生言之 則三先生俱是嶺南之賢 而貞烈先生故土昌原會未有宇 淸湖比巖兩先生故土丹丘會未遑俎斗 而三先生 本孫崔氏則時居于本府接境 李氏則時居于本府諸處 又況貞烈先生以世廟配食之元勳靖亂惠澤 亦及於此土 淸湖比巖兩先生 一以杖屨之所 一以聘鄕之居而遺範餘韻 至今爲湖儒之寓慕者乎 生等玆倡三先生禘儀之擧 而祠宇已成於館谷 故儒會禮成之日指定仰告 伏願 執綱僉尊 謄示此通於境內四[「通文」(1734)][11]

위 통문은 영천서원(寧川書院)에서 관내 4개의 면과 향교 등에 최윤덕·이형남(李亨南)·이적(李迪)을 추모하는 사우 건립에 동의를 구하기 위해 발급한 것이다. 통문에 따르면 최윤덕은 세종의 배향공신이지만, 출생지 창원에는 아직 사우가 없다고 하였다. 이에 최윤덕 후손이 남원 접경에 거주하고 있는 것을 연고로 사우 건립을 시도하였다.

---

11 관곡서원 유회소, 『관곡서원지』, 관곡서원 유회소, 2002, 292~293쪽.

당시 관곡사 건립을 주도한 것은 영천서원 사림이다. 영천서원은 1619년(광해군 11) 전라도 남원부에 건립된 서원으로서, 안처순(安處順)·정환(丁煥)·정황(丁熿)·이대유(李大胄) 등을 제향하고 있는 고을 유일의 사액 서원이었다. 즉, 영천서원 측은 관곡사 건립을 주도함으로써, 배향공신 최윤덕의 권위를 지역에서 계승해 나갈 수 있었으며, 최윤덕의 후손은 유력한 서원의 협조를 받아 현조(顯祖)의 제향처를 마련할 수 있었던 것이다.

V. 맺음말

최윤덕은 고려 말 창원에서 태어났다. 그의 가문은 원래 경주의 토성이었는데, 통천으로 이속되어 통천의 속성이 되었다. 통천 최씨는 여말선초 북로남왜의 혼란한 정세 속에 최록이 관직에 진출하여 가문의 격을 일신시켰다. 이후 최운해가 개국원종공신에 책봉되고, 최윤덕이 정승 반열에 오르면서, 통천 최씨 가문은 무반 가문으로는 드물게 조선 초 명문으로 자리매김 하였다.

통천 최씨 가문의 전성기를 이끈 인물은 최윤덕이다. 최윤덕은 태종·세종 대 군사상 요직에 있으면서, 대마도 정벌, 여진 방어에 큰 공을 세웠다. 특히 1433년 여진 정벌의 책임자로서 큰 공을 세워 우의정에 제수되었다. 여진 정벌 이후부터 1435년까지는 대(對) 여진 정책 및 국경 방어선 구축을 주도하며 좌의정에 올랐다. 그 과정에서 세종의 대표적 업적 중 하나인 4군 개척이 최윤덕 주도로 이루어졌다. 한편으로 최윤덕은 하삼도와 북방 지역에서 적극적인 축성을 통해 왜구와 여진에 대한 방어 시설을 구축해 나갔다.

최윤덕은 무장으로서 전문성을 갖추고 근면 성실하게 자신의 임무를 수행하였다. 이러한 세종의 신임을 받기 충분하였다. 그 결과 무반으로서 파격적으로 정승에 오를 수 있었다. 세종 사후에는 공신당에 제향되며, 세종 대를 대표하는 신료로서, 국가적 차원에서는 조선을 대표하는 명장으로 인정받았다. 중앙 정부의 이 같은 평가는 향촌 사회의 사대부 계층에게도 영향을 주어 유학자가 아님에도 불구하고 청천사 등의 사우가 건립되었다.

[참고문헌]

『삼국사기(三國史記)』

『고려사(高麗史)』

『고려사절요(高麗史節要)』

『조선왕조실록(朝鮮王朝實錄)』

『세종실록지리지(世宗實錄地理志)』

『신증동국여지승람(新增東國輿地勝覽)』

『경상도속찬리지리(慶尙道續撰地理誌)』

『안주목읍지(安州牧邑誌)』

『창원부읍지(昌原府邑誌)』

『호연공문집(浩然公文集)』

『대동야승(大東野乘)』

『남명집(南冥集)』

강성문, 「최윤덕의 국가방위론과 군사관」, 『군사』 36, 국방부 군사편찬연구소, 1998.

관곡서원 유회소, 『관곡서원지』, 관곡서원 유회소, 2002.

김해나, 『조선 초기 무과급제자 위상에 대한 고찰』, 성균관대학교 석사학위논문, 2014.

노영구, 「세종의 전쟁수행과 리더십」, 『오늘의 동양사상』 19, 예문동양사상연구, 2008.

박동백, 『최윤덕장상』, 충청인쇄, 1997.

박병련, 「세종조의 정치엘리트 양성과 인사운용의 특성」, 『동양정치사상사』 6-1호, 한국동양청치사상사연구, 2007.

백지국, 「조선시대 창원지역 과거 합격자 고찰」, 『민족문화논총』 73, 영남대학교 민족문화연구소, 2019.

백지국, 『조선 후기 경상도 창원부 재지사족 연구』, 영남대학교 박사학위논문, 2022.

소순규, 「조선 세종조 배향공신 신개의 정치적 역할과 종묘 배향의 배경」, 『민족문화연구』 82, 고려대 민족문화연구원, 2019.

이수건, 『한국중세사회사연구』, 일조각, 1984.

이수건, 『한국의 성씨와 족보』, 서울대학교 출판문화원, 2003.

이정빈, 「1847년 평안도 안주 지역의 을지문덕비 건립과 의미」, 『역사와 실학』 52, 역사실학회, 2013.
이준구, 「조선시대 백정(白丁)의 전신(前身) 양수척(楊水尺), 재인(才人),화척(禾尺), 달달(韃靼) -그 내력과 삶의 모습을 중심으로-」, 『조선사연구』 9, 조선사연구회, 2000.
임실군편찬위원회, 『임실군지』 2, 신아출판사. 2020.
전용우, 『조선조 서원·사우에 대한 일고찰』, 충남대학교 대학원 석사학위 논문, 1985.
창원시·창원대학교 박물관, 『창원시 문화유적 정밀지표조사보고서』, 창원시, 1994.
창원시·창원대학교 박물관, 『창원시 문화유적 정밀지표조사보고서』, 창원시, 1995.
최석근, 『통천최씨세보』, 청용재, 1923.
최석홍, 『통천최씨 양세실기』, 조명, 1994.
최용근, 『통천최씨세보』, 현천정사, 1915.
최용규, 『통천최씨 추원록』, 국제인쇄소, 1994.
최원식, 『아동최씨고』 신명문화사, 1968.
통천최씨대동보편찬위원회, 『통천최씨대동보』, 2005.

조선 전기 최윤덕의 군사정책 시행과 의미

김강식 | 한국해양대 교수

Ⅰ. 머리말

조선 전기에 활동했던 정렬공(貞烈公) 최윤덕(崔閏德)은[1] 1376년(고려 우왕 2) 창원에서 태어나 활동하다 1445년(세종 27)에 생애를 마친 인물이다.[2] 이때는 조선왕조가 건국 후 국가의 문물과 제도를 정비하여 국가의 기틀을 세우던 시기였다. 조선은 부국강병(富國强兵)을 국가의 목표로 설정하여 여러 방면에서 국가 기반을 갖추어 나갔다. 이 과정에서 제일 먼저 시행해야 할 분야는 국방력의 강화였다. 국방력의 강화에서 중요한 문제는 무엇보다도 변경(邊境)을 안정시키는 일이었다. 조선 전기에 변경 문제에서 시급한 현안은 북로남왜(北虜南倭) 문제를 해결하는 것이었다. 조선 건국 이후에도 북쪽의 여진족이 압록강과 두만강을 침범하여 약탈하는 상황이 계속되었으

1 『세종실록』과 「墓碑」에는 崔閏德, 『國朝名臣錄』에는 崔潤德으로 표기되어 있다. 또 생몰연대도 1388년과 1478년으로 「墓碑」와 「神道碑」에 기재되어 있다.

2 최윤덕의 字는 白修이며 襄莊公 崔雲海의 아들이다. 蔭職으로 벼슬에 塡補되었고, 병자년에 아버지를 따라 영해의 磻浦에서 왜적을 쳐서 적을 쏘아 죽였다(『세종실록』 권110, 27년 12월 갑진). 한편 그의 시호는 貞烈公이었다(『단종실록』 권7, 1년 9월 정축), 1452년(문종 2)에는 세종과 昭憲王后의 신주를 祔廟할 때 익성공 黃喜와 함께 廟廷에 배향되었다(『문종실록』 권13, 2년 4월 갑술).

며, 남쪽의 왜구도 약탈을 일삼고 있었다.

1392년 건국한 조선왕조는 북쪽과 남쪽의 변경을 안정시키기 위해서 근본적인 해결책을 찾아서 추진해갔다. 우선 북방의 변경을 안정시키기 위해서 조선 전기에 적극적으로 추진하여 결실을 거둔 것이 4군(郡)과 6진(鎭)의 개척 및 사민(徙民) 정책의 시행이었다. 4군과 6진의 개척 과정은 국가적인 지원 속에서 전문 관료와 무장들을 선발하여 지속성을 가지고 추진해서 이룬 성과였다. 이때 활약했던 대표적인 인물로는 압록강의 최윤덕과 두만강의 김종서(金宗瑞)가 대표적이다. 한편 남방의 변경을 안정시키기 위해서는 강경책과 온건책으로 대마도의 정벌과 삼포 개항이 추진되었다. 강경책인 대마도 정벌에서는 조선 전기에 김사형(金士衡)과 이종무(李從茂)의 활약이 대표적이다. 온건책으로는 염포, 부산포, 내이포를 개항하고 왜관(倭館)을 설치해 주었다. 이런 정책들로 북방과 남방에서 나름의 성과를 거두기도 했지만, 근본적인 안정을 가져오지는 못한 상황이 지속되었다. 이에 조선왕조는 근본적인 방안을 마련하여 추진하였다.

여기서는 조선 전기에 국방 강화의 현장에서 최고의 국방 전략가이자 군사 지휘관으로서 많은 성과를 거두었던 최윤덕의 국방 강화책과 의미를 살펴보고자 한다. 지금까지 최윤덕에 관한 연구성과를 간략하게 살펴보면, 조선 전기의 국방 강화에서 최윤덕이 차지하는 위상을 고려한다면 연구가 제대로 수행되지 않았음을 알 수 있다. 최윤덕에 관한 연구는 대부분 조선 전기의 국방 관련 연구에서 간략하게 소개하고 있는 정도이다. 다만 예외적으로 최윤덕의 국가방위론과 군사관에 주목하여 진행된 연구가 있다.[3] 이 글에서는 조선 전기의 군사제도 정비 추이 속에서 시행되었던 최윤덕의 군사정책과 활동을 구체적으로 살펴보고, 이를 토대로 그의 역사적 위상을

---

3 姜性文, 「崔閏德의 國家防衛論과 軍事觀」, 『군사』 36, 국방군사연구소, 1998.

밝혀보고, 나아가 시대 상황 속에서의 정책적 의미를 살펴보고자 한다.

II. 영토 확장 정책

1. 4군 개척

조선왕조의 건국 이후 무엇보다도 먼저 국가의 영토를 획정짓는 것이 당면한 과제였다.[4] 당시 김종서의 동북면 6진 개척, 최윤덕의 서북면 4군 개척, 이종무(李從茂)의 대마도(對馬島) 정벌 등이 대표적인 활동이었다. 이 과정에서 조선의 강역(疆域)은 압록강과 두만강 이남의 땅으로 획정되기에 이르렀다. 그때 압록강에서 4군의 개척에 나서 공적을 쌓은 대표적인 인물이 최윤덕이었다.

이 분야를 연구한 방동인의 연구에 따르면 조선 전기에 압록강 방면의 개척은 고려 왕조 말부터 상당한 진척을 보이고 있었다고 한다. 이보다 앞선 이인영의 연구에 따르면 강 하류, 즉 서북 방면은 강 유역이 거의 조선의 영역으로 편입되어 있었다. 이에 강 상류, 즉 동북 방면으로도 공민왕대에 강계만호부(江界萬戶府), 공양왕 3년에 갑주만호부(甲州萬戶府)가 설치되었다. 이때의 강계만호부는 압록강변의 만포진(滿浦鎭)으로 비정된다고 한다 그러나 강계만호부 동쪽, 갑산만호부 서쪽의 압록강 상류 이남 지역은 여전히 여진족의 활동무대였다. 이처럼 조선 전기에 대륙에 접해 있는 북방 영역은 확정되지 않은 상태였다. 그러나 정치·외교·사회·문화가 안정되는 세종 말년에는 명나라나 여진족과의 협정 없이 압록강과 두만강이라

---

4 육군사관학교 한국군사연구실 편, 『한국군제사』, 근세조선 전기 편, 육군본부, 1968; 육군군사연구소 편, 『한국군제사』 개설, 2012.

는 자연 경계선으로 국경이 획정되었다.

조선은 개국 전후 압록강과 두만강 연안 일대에 흩어져 살던 여진족에 대하여 태조부터 세종대에 이르는 동안 초유(招諭)와 진무(鎭撫)를 함께 하며 4군과 6진을 설치하였다. 즉 북쪽 경계를 침입·약탈하려는 여진족과 이를 밀어내고 지키려는 조선의 공방전은 오래도록 지속되었으며, 북방 개척을 위한 조선왕조 노력은 대단하였다. 특히 세종의 적극적인 북방 개척 의지와 김종서·최윤덕을 중심으로 한 많은 군사가들의 노력으로 4군·6진이 설치되어 압록강과 두만강을 국경으로 삼는 계기가 되었다. 하지만 이후에도 여진족의 침입은 그치지 않았으며, 조선왕조의 방어 노력도 끊이지 않았다. 그런 측면에서 함길도·평안도에 대한 사민 정책은 여진족에 대한 정책의 일환이었다고 평가할 수 있다.

이미 압록강 상류 유역은 공민왕대에 강계만호부가 설치되고, 1391년(공양왕 3) 갑주(甲州)에 만호부를 둔 이래 조선왕조에 들어와서 이 방면의 개척이 크게 진척되었다. 그러나 강계만호부 동쪽, 갑산만호부 서쪽의 압록강 상류 이남 지역은 여전히 여진족의 활동무대였다. 여기서 서북 방면 영토 개척의 전초기지를 이루었던 강계와 갑산에 대해 살펴보면, 강계도호부는 1361년(공민왕 10)에 독로강만호(禿魯江萬戶)라 칭하고, 같은 왕 18년에 강계만호부를 두었다. 또 진변(鎭邊)·진성(鎭成)·진안(鎭安)·진영(鎭寧)의 4군을 설치하고, 상부천호(上副千戶)를 보내어 이곳을 관장하게 하였다.

그런데 조선왕조에 들어와서 4군의 개척이 본격화되었다. 이 과정을 『세종실록지리지』, 『신증동국여지승람』, 『여지도서』 등 각종 지리지에서 강계도호부 부분을 종합하여 살펴보면, 1394년(태조 3)에 만호를 바꾸어 도병마사(都兵馬使)를 설치했다. 1401년(태종 원년)에 입석(立石)과 고합괴(古哈怪) 등지의 땅을 합쳐서 1개 주를 만들어 석주(石州)라 하였다가 태종 3년에 강계부로 승격시켰으며, 태종 13년에는 관례대로 도호부로 고쳤다. 이미 고려 말에 강계도호부에 군사 중심지를 두고 진변·진성·진안·진영의 군사체계에 의해 관할하였는데, 이들은 점차 행정적 지역단위로 이행되어 나갔다. 그런데 1401년에 설치되었다고 하는 석주는 창성군(昌城郡)·이주(理州) 등과 함께 1402년(태종 2)에 처음으로 설치되었다고 기록되어 있다. 이에 대해서는 『태종실록』 2년 4월 정축조에 다음과 같이 기록되어 있다.

> 처음으로 창성군·석주·이주를 설치했다. 의정부가 수판(受判)하여 니성도 우익(泥城道右翼)에 속하는 니성(泥城)·창주(昌州)·벽단(碧團)·음동(陰童)·대소파아(大小波兒)·우농고(亐農庫) 등 각처의 이언(伊彦)을 합쳐 1개 주를 만들어 창성군(昌城郡)이라 호칭하고, 우익 단련사(右翼團鍊使)가 이를 겸하게 했다. 강계도(江界道) 중익(中翼)에 속하는 입석(立石)·우익 단련사(右翼團鍊使) 등 각처 이언을 합쳐 1개 주를 만들어 석주(石州)라 호칭하고, 중익 단련사가 이를 겸하게 했다. 강계도 우익에 속하는 두목리(豆木里)·산양회(山羊會)·도을한(都乙漢)·봉수대(烽火臺) 등의 이언을 합쳐 1개 주로 만들어 이주(理州)라 호칭하고, 우익 단련사가 이를 겸하게 하였다.

이처럼 조선 전기에 석주는 강계만호부 인근 지역의 입석·고합·외괴(흑은 㱊怪) 등의 이언(伊彦)을 합친 것이었다. 여기서 이언은 여진족이 사는 하나의 작은 지역 단위로 추정되는데, 일언(逸彦)이라고도 한다. 이인영의 연구에 따르면 석주는 1403년(태종 3)에 강계부로 승격되었으며, 그 사이에 치소도 만포진(滿浦鎭) 부근에서 지금의 강계로 옮겨진 것으로 짐작된다고 한다.

창성군은 니성·창주·벽단·음동·대소파아·우농고 등의 이언을 합친 것이었으며, 이주도 두목리·산양회·도을한·봉화대 등의 이언을 합친 것이었다. 이렇게 본다면 이들 지역은 압록강 중류 연안에 위치한 지역들이다. 이것은 이언이라는 지역 단위를 묶어서 보다 체계적인 행정단위로 파악하려고 시도하였음을 알 수 있다. 즉 행정단위로서 창성군·석주·이주를 설치하고, 군사 명령체계로서 창성군은 니성도(泥城道) 좌익 단련사(左翼團鍊使), 석주는 강계도(江界道) 중익 단련사(中翼團鍊使), 이주는 강계도 우익 단련사(右翼團鍊練使)가 각각 겸하게 하였다. 이러한 기반 위에서 1403년(태종 3) 6월에 창성군의 벽단과 음동을 합하여 벽동군(碧潼郡)을 설치하였다. 갑주는 본래 허천부(虛川府)인데, 오랫동안 호인(胡人)들이 차지하고 있으면서 여러 차례 병화를 일으켜서 거주자가 없었다. 그러다가 1391년(공양왕 3)에 처음으로 갑주만호부를 설치하였으며, 1393(태조 2)에 동북면 안무사 이지란(李之蘭)이 축성하였다. 1397년(태조 6) 도선무 순찰사 정도전(鄭道傳)이 동북면의 주·부·군·현(州府郡縣)의 경계를 정할 때 갑주의 행정구역도 정비하였다. 다시 1413년(태종 13)에 갑주만호부를 갑산군으로 고치고, 같은 때에 강계부도 강계도호부로 승격시켰다.

이처럼 서북 방면 영토 개척의 상한선은 마치 강계와 갑산을 잇는 선으로 파악하기 쉽다. 그러나 갑산부 서쪽, 압록강 상류 이남 지역은 행정단위로서는 함길도 갑산군 여연촌(閭延村)이었는데, 갑산군과는 거리가 너무 멀었다. 이에 1416년(태종 16) 소훈두(小薰頭) 서쪽 지역을 떼어서 여연으로 하고, 1417년(태종 17) 함길도에서 평안도로 옮겨 강계도호부에 소속시켰다. 때문에 이미 태종대 이전에 압록강 상류 이남에까지 진출하였음을 알 수 있다. 한국군제사의 연구에 따르면 태종대에 압록강 연변과 그 상류 이남의 군사적 관할은 강계부를 중심으로 중익 및 우익 단련사에 연결되어 있었음을 알 수 있다고 한다. 즉 강변 방어 긴요처(江邊防禦緊要處)는 이산(理山)·여연(閭延)은 강계도(江界道), 창성·벽동은 삭주도(朔州道), 인산(麟山)·용천(龍川)은 의주도(義州道)였으며, 강계도 중익(中翼)은 석주(石州, 뒤에 강계부)·여연군,[5] 우익(右翼)은 이주(理州)였다.

---

5 閭延郡의 관할 범위는 虞芮口子(뒤에 虞芮郡으로 분리되어 승격)·上無路堡(뒤에 茂昌郡으로 분리되어 승격)·慈作里(뒤에 慈城郡으로 분리되어 승격) 등이었다.

그러나 지금의 중강진 부근에 설치된 여연군(현 자성군 여연면 하장동)은 압록강 건너편에 살던 여진족이 조선을 침입하여 살상하는 일이 잦아지자, 이에 대한 대책이 시급한 실정이었다. 이에 1431년(세종 13)에 여진의 침입을 자주 받는 여연에 석성을 쌓는 등 방비를 튼튼히 하였지만, 방어체제에서 강계와 여연(자작리, 우예구자, 상무로보 등)은 서로 멀리 떨어져 있어서 효과적으로 대응하지 못하였다.

더욱이 이때 압록강의 큰 지류인 파저강(婆猪江, 佟佳江, 渾江) 방면으로 남하 이주하여 온 오랑캐 올량합족(兀良哈族)이 이만주(李滿住)를 추장으로 하여 건주본위(建州本衛)를 세우고 요동 지방을 자주 노략질하였다. 오랑캐의 군민 가운데 조선으로 도피하는 자가 1423년(세종 5) 이후 560여 명에 달하여 이들을 모두 명령으로 쇄환(刷還)하자, 여진은 이에 대한 원한을 품고 조선에 침입하였다. 1432년(세종 14) 12월에도 이만주가 400여 기(騎)를 거느리고 여연의 서남부로 침입하여 많은 군민을 살해하고, 남녀 백성과 우마·재산 등을 노략질해 갔다.

이러한 이만주의 내침은 조선이 건주위를 정벌하는 직접적인 동기가 되었으며, 자성군(慈城郡) 설치의 중요한 계기가 되었다. 이에 여연군에 방어시설을 나누어 구축하면서 4군이 완성되어 나갔다. 송병기의 연구에 따르면 1433년(세종 15) 3월에 조선왕조는 최윤덕을 평안도 도체찰사, 김효성(金孝誠)을 도진무(都鎭撫)로 삼아 황해·평안 양도의 병력 15,500여 명으로 이를 정벌하게 하였다. 이에 최윤덕의 군대는 압록강을 건너 여진 땅으로 깊숙이 들어가 200여 명을 사로잡고, 170여 명을 척살하는 승리를 거두었다고 한다. 이것을 1차 여진 정벌이라고 부르는데, 이후 여연과 강계 사이에 자성군을 설치하였다.

구체적으로 1차 여진 정벌을 살펴보면 1433년(세종 15) 4월에 파저강의 건주위 오랑캐를 정벌하였다. 파저강 오랑캐 임합랄(林哈剌) 등이 홀라온 우디캐(忽刺溫 兀狄哈)와 작당하여 400여 기(騎)가 압록강 여연(閭延)에 침입하여 조선 군민 53명을 죽이고, 77명의 농민과 우마를 약탈하여 갔기 때문이었다. 파저강의 여진족에 대한 정벌은 세종이 먼저 제안하였다. 이에 대해서는 『세종실록』 15년 1월 계유조에 다음과 같이 기록되어 있다.

> 오랑캐를 방어하는 방도가 예전에도 좋은 계책이 없었다. 삼대(三代)의 제왕들은 오면 어루만지고, 가면 쫓지 아니하여, 다만 횡포하지 못하도록 하였을 뿐이다. (중략) 만약 정토(征討)하지 아니한다면 뒤에 뉘우치고 깨달음이 없어, 해마다 반드시 이와 같은 일이 있을 것이다. 더군다나 지금은 나라가 태평한 지가 오래되어서 사방에 근심이 없으니, 『맹자』에 이르기를, '적국(敵國)과 외환(外患)이 없으면 나라가 항상 망한다.'고 하였으니, 오늘날의 일은 비록 야인들이 한 짓이나, 실은 하늘이 우리를 경계하기 위한 것이다.

이에 여진족에 대한 본격적인 첫 정벌이 시작되었다. 우선 1443년 4월 10일에 평안도 도절제사 최윤덕은 평안도 마(馬)·보(步) 정군(正軍) 10,000명과 황해도 군마 5,000명을 강계부에 집결시켰다. 이처럼 정벌전에 동원된 군사는 기병을 중심으로 편성되었다. 그리고 군사의 부서를 나누어 중군 절제사(中軍節制使) 이순몽(李順蒙)은 2,515명의 군사로서 오랑캐의 본거지 이만주의 채성(蔡城), 좌군 절도사(左軍節制使) 최해산(崔海山)은 2,070명의 군사로서 차여(車餘) 등지, 우군 절도사(右軍節制使) 이각(李恪)은 1,770명의 군사로서 마천(馬遷) 등지, 조전 절제사(助戰節制使) 이징석(李澄石)은 3,010명의 군사로서 올랄(兀剌) 등지, 김효성(金孝誠)은 1,888명의 군사로서 임합랄(林哈剌) 부모의 채리, 홍사석(洪師錫)은 군사 1,110명으로서 팔리수(八里水) 등지를 각각 토벌하고, 최윤덕은 2,599명의 군사를 거느리고 바로 임합랄의 채성를 토벌하였다. 강성문의 연구에 따르면 이때의 작전은 여진에 대한 정보를 획득하여 기습전을 펼치고, 지세의 장점을 이용하여 추진한 속전속결의 단기전이었기 때문에 승리할 수 있었다고 한다.

그때의 전과는 평안도 절제사 최윤덕이 파저강의 토벌에 관해 박호문(朴好問)을 보내어 치계(馳啓)한 기록에 나타나는데, 『세종실록』 15년 5월 기미조에 다음과 같이 자세하게 기록되어 있다.

> 이제 사로잡은 것과 머리를 벤 것, 마소와 군기(軍器)를 탈취한 수목(數目), 아울러 우리 군사가 화살에 맞아 죽은 사람 및 화살을 맞은 인마(人馬)의 수목을 열거하여 아뢰니다. 신이 사로잡은 남녀가 62명, 사살한 적이 98명, 각궁 21, 화살 4백 20, 환도(環刀) 3, 화살통 8, 나도(羅韜) 3, 궁대(弓帒) 3, 창날(槍刀) 28, 소고(小鼓) 1, 말 25필, 소 27마리이고, 본국 군사로서 화살에 맞아 죽은 자가 4명, 화살에 맞은 자가 20명, 화살에 맞은 말이 18필, 화살에 맞아 죽은 말이 2필이며, 중군 절제사 이순몽이 사로잡은 남녀가 56명이고, (죽인 수는 기록하지 않았다), 좌군 절제사 최해산은 생포한 남자 1, 머리 벤 것이 3, 각궁 6, 화살 1백 4, 화살통 6, 나도 2, 환도 1이고, 우군 절제사 이각은 생포 남녀 14명, 죽인 도적이 43명, 말 11필, 소 17마리이며, 조전 절제사 이징석은 생포한 장정 남자 18명, 장정 여자 26명, 남녀 아동 각 12, 사살하여 귀를 벤 것 5, 갑옷 2, 각궁 15, 화살통 7, 환도 1, 화살 3백 30, 창 2, 말 25필, 소 33두, 안자(鞍子) 3개이며, 조전 절제사 김효성은 생포한 남녀 16, 죽인 도적 13, 화살 맞은 도적 7, 각궁 2, 화살 14, 말 6필, 소 12두이고, 화살 맞은 우리 군사 2명, 화살 맞은 우리 말이 6필인데, 1필은 즉사하였으며, 상호군 홍사석은 생포 남녀 31명, 죽인 도적 21, 화살 맞은 도적 28, 각궁 8, 화살 1백 12, 환도 1, 소 21마리이며, 우리 측은 화살 맞은 군사 3명, 말 3필입니다.

이처럼 4월 19일까지 9일 동안 동가강(佟家江)·혼하(渾河) 일대의 오랑캐

본거지를 유린하여 남녀 248명을 생포하고, 183명을 참살하고, 소 110두, 말 67필과 각궁·환도 등 무기류 다수를 노획하는 커다란 전과를 올렸다. 이것은 당시 파저 여진족의 1/10에 해당하는 것으로 상당한 전과였다. 다만 조선에서는 사전에 파저강 오랑캐를 정벌하기 위한 계획을 치밀하게 세워 추진했지만, 건주위 오랑캐들은 이를 미리 알고 대부분 부락(部落)을 버리고 도피하였다. 때문에 건주위 도지휘첨사(都指揮僉事) 이만주를 아쉽게도 놓치고 말았다. 이후 최윤덕은 여진 정벌의 승리로 인하여 무장으로서는 파격적인 우의정(右議政)으로 승격하였으며, 나머지 장수 5명도 차례대로 승급하였다. 다만 최해산은 늦게 출동한 죄로 파직을 당하였다.

하지만 여진에 대한 정벌 이후 이들에 대한 경계를 중시하여 대비하고, 진무하는 정책을 펼쳤다. 이때 최윤덕은 사민 정책과 함께 비변사의(備邊事宜) 24조를 올려 종합적인 대책을 강구하도록 건의하였다. 정벌 이후에도 여전히 이 지역은 여연·강계와 너무 멀리 떨어져 있었기 때문에 위급할 때에 대비하기가 어려웠다. 이에 1433년 6월 여연과 강계 사이의 요충지인 자작리(慈作里, 현 자성)에 성을 쌓고 따로 군읍을 설치하여 자성이라 이름하고, 여연의 남촌과 강계부 북촌의 민호를 떼어 붙여서 강계부 중익에 소속시켰다. 나아가 북방 개척으로 확보한 영토의 내실 있는 경영을 위해서 여연군을 부(府)로 승격시키고 진(鎭)을 설치하였다. 이것은 여연군이 요해지에 해당하지만, 거주자가 적으므로 장차 민호를 이곳으로 이주시키고자 하였기 때문이라고 볼 수 있다.

이후에도 압록강 방면에서는 여진족의 내습이 빈번하였다. 그 가운데서도 조명간구자(趙明干口子, 현 자성군 장상면 장성동)를 끼고 흐르는 압록강은 물굽이의 굴곡이 심하여 두입지(斗入地)를 형성하였기 때문에 적의 기습을 받기 쉬웠고, 우예보(虞芮堡, 현 토성동)나 하무로보(下無路堡, 현 호예)와도 멀리 떨어져 있어서 방수가 매우 곤란하였다. 때문에 평안도 관찰사와 절제사 등은 조명간구자의 수병(戍兵)을 폐지하여 우예보·하무로보의 선으로 후퇴할 것을 청하였으며, 조정에서도 이에 동조하는 신하들이 적지 않았다고 한다. 이처럼 변경 관리 방책이 확정되지 못하자, 세종은 "조종(朝宗)의 강역은 마땅히 삼가 지킬 것이지, 가볍게 퇴축(退縮)할 수 없다. 이제 조명간구자로 퇴축한다고 하면, 연변구자(沿邊口子)도 반드시 이를 원용하여 퇴축하고자 할 것이니, 그 폐단은 금하기 어려울 것이라."고 하여 퇴축론을 일축하고, 조명간구자를 유지하기 위한 여러 가지 방책을 적극적으로 강구하였다.

이때 적극적인 대응 방안으로 평안도 도절제사 이천(李蕆)으로 하여금 병력 8,000명으로 재차 여진족을 정벌케 하였는데, 이것은 2차 여진 정벌이었다. 1437년(세종 19) 9월에 이천이 이끄는 군사는 3로로 나뉘어 이산·강계 등지로부터 압록강을 건너 올자산성(兀刺山城, 懷仁縣, 현 오녀산)·오미부(五彌府, 현 회인현) 등의 여진 소굴을 공략하였다. 아울러 소극적으로는 성보(城堡)를 석보(石堡)로 개축하고, 만호(萬戶)를 뽑아 파견하였으며, 군마 150필을 추가하고, 민호 50호를 성보에 들여보내어 방비를 건실하게 하였다.

이상에서 살펴본 것처럼 4군 지역의 개척은 최윤덕과 이천을 보내어 파저강 유역의 오랑캐족을 정벌한 다음 압록강 중·상류 지역에 여연(閭延)·자성(慈城)·무창(茂昌)·우예군(虞芮郡)을 설치하면서 완성되었다. 이를 정리하면 여연군은 원래 갑산군 여연촌이었는데, 1416년(태종 16) 본군과의 거리가 멀었기 때문에 여연군으로 만들어 평안도에 소속시켰다. 자성군은 본래 여연군의 자작리(慈作里)였는데, 1424년(세종 6)에 이곳에 목책을 세우고 방어하였다. 1432년(세종 14) 파저강의 야인들이 몰래 들어와서 사람을 살육·약탈하였으므로, 자작리에 성을 쌓고 군을 설치하여 자성군으로 고치고 강계부의 관할로 삼았다. 무창군은 여연군의 상무로보(上無路堡)인데, 1440년(세종 22)에 여연과 너무 멀리 떨어졌다고 하여, 무창현을 설치하고 지금의 이름으로 고쳤다가 1442년(세종 24) 무창군으로 승격시켜 강계부의 관할 아래

〈지도〉 해동지도의 폐사군도에 그려진 4군의 위치(출처; 서울대 규장각한국학연구원)

에 두었다. 우예군은 본래 여연군의 우예구자(虞芮口子)인데, 처음에 만호(萬戶)를 두었다가 1443년(세종 25) 본군과의 거리가 멀리 떨어졌다고 하여 우예군을 설치하고 강계부의 관할로 삼았다. 한마디로 4군 설치의 과정은 여연군의 정비와 분화라고 할 수 있다. 이렇게 하여 서북지방의 4군 설치가 일단락되자 압록강 이남의 조선 영토도 확보되었다.

1446년(세종 28)에 4군과 6진 사이의 압록강과 두만강을 연결하는 지역을 보강하기 위하여 갑산군(甲山郡) 내에 삼수군(三水郡)을 설치하여 갑산군과 삼수군을 두었다. 그러나 개마고원의 산악지대에 있어서 교통이 불편하였으므로 유지가 대단히 힘들었다. 이에 4군을 철폐하자는 의논이 일어났다. 그러나 이인영의 연구에 따르면 이때 일어났던 폐사군(廢四郡)은 북방의 영토를 포기한 것이 아니라, 그 군을 폐지하여 부(府)로 옮긴 것에 지나지 않는다고 한다.

2. 사민 정책

조선 전기에 북방으로의 사민(徙民)은 태조 때부터 시행된 것이지만, 1434년(세종 16)부터 본격적으로 실시되어 평안 도내와 남도로부터 여러 차례에 걸쳐 사민이 이루어졌다고[6] 한다. 이러한 사민 정책은 국가의 입장에서는 연변을 충실히 하고 국방을 위한 것이었지만, 입거인(入居人)의 입장에서는 강제적 사민의 성격을 띠는 것이었고 참기 힘든 고역이 따랐으므로 도망자가 속출할 수밖에 없었다. 그러나 조선 전기에 북방 강역의 개척과 함께 사민 정책도 적극적으로 추진되었다. 영토를 개척하고 유지하기 위해서는 백성이 필요할 뿐만 아니라 병농(兵農)의 구별이 명확하지 않은 시대에

6 이상협, 『조선 전기 북방사민 연구』, 경인문화사, 2001; 深谷敏鐵, 「朝鮮世宗朝における東北邊境への第一次徙民入居について」, 『朝鮮學報』 9, 1956.

는 사민이 더욱 절실한 것이어서 북방 개척에는 자연히 사민이 따르게 마련이었다. 아울러 황무지의 개간이 동시에 시행되어 생활 터전을 마련하도록 조처하였다.

조선 전기에 사민은 함길도와 평안도 방면에서 각각 추진되었다. 우선 함길도 지방에 대한 사민은 일찍이 태조 때부터 시작되었지만, 평안도 지방에는 1431년(세종 13)에 이르기까지 사민이 없었다. 그것은 고려 왕조 말부터 압록강 변의 대부분 지역이 조선의 영역이었으며, 이에 따른 사민이 꾸준히 진행되었기 때문이었다. 특히 국민의 자발적인 이주도 상당히 있었던 때문인 것 같다. 하나의 예로 『세종실록』 지리지 평안도 이산군조에 이산군(理山郡)은 "본래 적인(狄人, 여진)이 살던 두목리(豆木里)인데, 고려 공민왕 때부터 인물이 점차 충실해졌다."고 하는 것은 이러한 사정을 단적으로 말하여 주는 것이다.

그러므로 태종대에 설치된 강계부나 여연군 등은 설치와 함께 사민을 한 것이 아니라, 다만 부근의 토지나 백성을 환속(還屬)시킨 데 불과하였다. 이러한 점은 세종대에 있어서도 마찬가지여서 1433년(세종 15)에 설치된 자성군은 여연의 남촌과 강계의 북촌 민호를 환속시키고, 1440년(세종 22)에 설치된 무창현도 손량(孫梁)·원주(袁州) 등의 민호를 환속시킨 데 불과하였다. 이러한 점은 읍(邑)을 설치하면서 동시에 사민이 계획되고 시행되었던 함길도의 사민과 대조를 이루는 것이라고 할 것이다.

함길도의 사민은 태종대에 유정현(柳廷顯)으로 판공안부사(判恭安府事) 겸 판의용순금사사(判義勇巡禁司事)를 삼아 명하여 동북면 도선무처치사(都宣撫處置使)로 삼고, 김남수(金南秀)로 길주도(吉州道) 도안무찰리사(都安撫察理使), 하경복(河敬復)으로 경원병마사(慶源兵馬使), 최윤덕으로 경성병마사(鏡城兵馬使), 김가물(金加勿)로 호군(護軍)을 각각 삼고, 유정현에게 부월(斧鉞)과 교서(敎書)를 주어 보내면서 본격적으로 시행되었다. 이어서 각 위(衛)에 절제사(節制使)를 두게 되자 최윤덕은 경성 절제사로 임명되었다. 당시의 사정은 『태종실록』 10년 6월 병신조에 다음과 같이 기록되어 있다.

> 변진(邊鎭)은 나라의 보장이니, 어찌 감히 힘을 믿고 침범하도록 내버려 둘 수 있으랴. 상신(相臣)은 임금의 고굉(股肱)이니, 이에 처치(處置)를 오로지 하게 한다. 꿈틀거리는 작은 무리(蠢爾小醜)가 감히 완흉을 자행하여 우리 봉강(封疆)을 침노해서, 성읍(城邑)이 수호를 잃고, 사민(士民)이 유망하게 되었는데, 장신(將臣)·솔신(率臣)이 곧 포획하고 안집하지 못하여, 한 방면이 소동(搔動)한 지가 이미 두어 달이 지났으나, 아직 이루어진 공효(功効)가 없다. 내가 이에 마음이 아파, 사람을 얻어 보내어서 상벌을 시행하려고 생각하여, 뜰에 있는 여러 신하에게 물으니, 모두 말하기를, '경(卿)이라야 한다.' 하였다. 생각건대, 경은 마음가짐이 굳고 단단하며, 위엄과 명성이 일찍이 나타났다. 경을 명하여 동북면 도선무처치사(都宣撫處置使)를 삼으니, 장사가 만일 공격하고 수비하는 것이 어긋남이 있는 자가 있든지, 수령이 만일 안집하는 것이 지극하지 못한 자가 있으면, 가선(嘉善) 이상은 가두어 놓고 신청하고, 통정(通政) 이하는 율(律)을 들어 곧 처단하라. 아아! 위엄이 아니면 적을 제어할 수 없고, 은혜가 아니면 백성을 안집할 수 없으니, 위엄과 은혜로 그 공을 성취하라."

한편 압록강의 평안도에 사민의 배경은 두 가지 측면에서 살펴볼 수 있다. 첫째, 주로 요동 영송(遼東迎送, 조선과 명나라 사이의 사신의 왕래, 馬匹의 공헌. 財幣의 受給에 따른 支待와 호송을 통틀어 일컬음)과 태종 이래의 기근, 특히 1422년(세종 4)의 근래에 없었던 대기근과 이 밖에 축성(築城)·부방(赴防)·역역(驛役)에 따른 과대한 부담으로 말미암아 많은 평안도민들이 주로 하삼도 지방으로 옮기게 되고, 심지어 요동 지방이나 야인(野人) 지방으로 도망하는 사례도 종종 있어서 평안도가 극도로 피폐해진 것을 지적할 수 있다. 극도로 피폐한 평안도를 소생시키기 위하여 무엇보다도 필요한 것은 사람이었으며, 이를 위하여 당연히 사민이 필요하였다.

둘째, 여진족의 빈번한 평안도 연변 침입도 평안도 사민의 중요한 배경이 되었다. 여진족의 평안도 연변 침입은 세종 즉위년 8월과 9월에 두 차례에 걸쳐 여연에 침입한 적이 있었다. 그 뒤 1422년(세종 4) 대기근은 여진족에게도 심한 타격을 주게 되어 이해 10월부터 윤12월까지 사이에 무려 5차례에 걸쳐서 여연·강계·의주 등지에 침입하였다. 그러나 아직 그것은 시작에 지나지 않았지만, 그 뒤로는 거의 10년간 야인의 연변 침입이 없었다. 그런데 1432년(세종 14)에 이르러 건주위(建州衛) 야인과의 관계가 험악해지면서 여진의 침입이 국방상 중대한 문제로 대두되었다. 즉 같은 해 12월 올량합(兀良哈) 400여 명이 대거 여연에 침입하여 군인 약 40명을 사상하고 많은 남녀와 우마를 노략질해 갔다. 그래서 1433년(세종 15)에는 최윤덕의 북정(北征)이 있었던 것이지만, 1437년(세종 19)의 이천(李蕆)의 북정이 있기까지 무려 6·7차의 침입이 있었다. 특히 1435년(세종 17)에는 3차례에 걸쳐 연변에 침입하고 있다. 이와 같이 야인들의 빈번한 연변 침입이 있게 되자 이에 대한 방어와 관련하여 평안도 사민 문제가 부각되었다.

1429년(세종 11)에 세종 자신이 하삼도민의 평안도 입거를 거론하였지만, 그것은 결국 실현되지 못하였다. 다만 세종 13년 3월에 이르러 의주도(義州道)의 각관 인물로 태종 11년~세종 4년·5년 사이에 황해도로 유이(流移)한 자를 의주로 추쇄·입거시키기로 결정하였다. 나아가 이해 11월에는 평안도 내 인물로 타도에 유이한 자를 의주로 추쇄·입거시키기로 확대 결정하였다. 그 숫자는 알 수 없지만, 이해 가을부터 14년 봄까지에 유이민의 의주로의 쇄환(刷還)이 있었다. 한편 시기는 확실하지 않지만 의주로의 자원 입거인에 대한 허접법(許接法, 도피 중인 자를 숨겨주는 것)이 마련되어 평안도민의 연변 입거가 본격적으로 실시되는 1437년(세종 19)까지는 의주로 자원입거한 자도 상당수에 달하였다. 최윤덕도 이때의 사민 정책에 대응하여 나름의 대책을 밝혔다. 즉 1435년 좌의정 최윤덕이 비변사의(備邊事宜)를 아뢰었는데, 평안도의 사민에 대해서는 『세종실록』 17년 4월 갑인조에 다음과 같이 기록되어 있다.

> 1. 평안도 각 고을의 수령들이 건장하고 실한 사람을 뽑아서 감고(監考)니, 서원(書員)이니, 일수(日守)니 하는 등류의 명칭을 붙이어 항상 따라다니게 하고, 잔약하고 용렬한 사람으로 군액(軍額)에 충정하여, 이 때문에 방수(防戍)가 허소(虛小)하니, 금후로는 그 수령으로 하여 거느려 부방(赴防)하게 할 것. 1. 연변의 수졸(戍卒)들이 먼 길에서 각각 병장(兵仗)을 싸 가지고 오기 때문에 운반하기에 곤란하니, 희주(熙州) 이남의 각 고을의 병장을 알맞게 수운하여 연변 고을에 비치하였다가, 임시하여 나누어 줄 것. 1. 연변 각 고을에 분치되어 있는 말을 군사 중에 여러 번 마필을 상실한 자에게 줄 것. 1. 양계의 변읍(邊邑)에 튼튼하게 성을 쌓아서 여러 목책에 사는 사람들을 겨울이면 읍성에 모아 보호하게 할 것.

이처럼 최윤덕은 평안도의 사민 방향에 대해 방수와 부방의 어려움을 해결하고 성을 쌓아 백성을 보호하도록 조처하였다. 이어서 4군의 백성 충당은 인근 군현의 백성으로는 어렵다고 파악하여 우선 범죄 유배인으로 충당하고, 다음으로 다른 도민으로 충당하는 것이었다. 나아가 평안도 지역의 방비책은 압록강의 요충지만을 두고 나머지 연변의 백성들은 여진족이 넘볼 수 없는 내지로 이동시키는 것이었다. 그리고 분산되어 있던 소규모의 군사를 일정한 지역에 집결시켜 방어에 효율성을 높이는 것이었다.

1435년(세종 17)에 이르러 야인의 침입이 빈번해지면서부터 연변 각 관으로의 사민 논의가 본격화되어 세종 18년 9월에 이르러 평안 남도민 211호를 추쇄(推刷)하여 여연·강계·이산·벽동·창성 등지로 입거시킬 것을 결정하였다. 1437년(세종 19) 정월에 제용부정(濟用副正) 박근(朴根)을 평안도로 보내어 입거인을 추쇄하였는데, 아마도 이해 봄까지에는 211호가 평안도 연변으로 입거되었던 것으로 보인다. 또 세종 18년 가을부터 19년 봄까지에 평안도 각 관의 향리(鄕吏) 50호를 초출(抄出)하여 30호는 여연에, 20호는 자성으로 입거시키기도 하였다.

그런데 211호의 연변 입거가 끝난 지 얼마 되지 않는 1438년(세종 20)에 이르러 평안도 연변에 대한 대폭적인 사민이 계획·시행되었다. 즉 이해 1월에 박근을 다시 평안도로 파견하여 남도의 평양·안주·영유 등 34읍으로부터 1,000호를 초출하여 여연에 150호, 자성에 140호, 강계에 300호, 이산에 160호, 벽동에 100호, 창성에 150호를 입고시키기로 계획하고 실행에 옮겼다. 이 입거계획은 평안도 경차관(敬差官) 조순생(趙順生)의 장계(狀啓)에 의하면 늦어도 21년 가을까지에는 완료된 듯하며, 입거된 숫자는 당초에 계획한 1,000호보다 300호가 모자라는 700호에 그쳤다. 이처럼 1437년(세종 19)부터 시작된 평안도 남도민의 연변 입거는 전후 두 차례에 걸쳐 900여 호, 향리의 입거까지 합친다면 약 1,000호의 입거가 이루어졌다. 이와 관련한 이상협의 연구에 따르면 이 1,000호의 숫자는 세종 16년에 경원·영북진 지방에 입거시킨 각 1,100호를 6,000~7,000명으로 환산하고 있으므로 5,000명 이상은 될 것으로 추정된다고 한다.

평안도 남도민을 쇄출하여 연변에 입거시킨 결과 자연 남도, 특히 안주(安州) 이북 지방이 소홀해졌다. 그러므로 안주 이북 지방에 인구가 비교적 밀집된 황해도나 하삼도 주민을 추쇄하여 입거시키자는 의론이 이미 1439년(세종 21)부터 일어났다. 1442년(세종 24) 2월에 이르러 계획이 확정되어 황해도에서 550호, 충청도에서 630호, 전라도에서 820호, 경상도에서 1,000호, 합하여 3,000호를 초정(抄定)하여 3차에 걸쳐서 입송할 것을 결정하고, 이어서 각 도에 경차관(敬差官)을 파견하여 입거인의 추쇄를 시작하였다.

그러나 3,000호의 입거 계획은 현지 주민들의 소요·반대에 부닥치게 되어 1443년(세종 25)에 이르러 다시 변경되어 우선 경기·개성부·충청·전라·경상·황해도에서 추쇄한 유이민으로 입거시키도록 하였지만, 그래도 그 수가 모자랄 경우에는 평민을 입거시키는 것으로 낙착되었다. 그런데 1443년(세종 25)은 한재(旱災)가 심하여 세종 26년부터 유이민의 추쇄와 입거가 시행되어 세종 31년까지 계속되었다. 그러나 이때 입거된 숫자가 얼마인지는 잘 알 수가 없다고 한다.

한편 세종조에는 양민을 입거시키거나 유이민(流移民)을 추쇄하여 연변에 입거시키는 방법 외에도 일반 범죄인이나 혹은 부정 세리(不正稅吏), 제주도민을 주로 연변지역으로 입거시키기도 하였다. 일반 범죄인의 경우에는 1436년(세종 18) 이래 부정 세리의 경우에는 1445년(세종 27)부터 양계지방으로 입거시켰다. 제주도민 가운데 주로 목마(牧馬)를 살해하는 우마적(牛馬賊)들은 1435년(세종 17)부터 평안도 지방으로 입거시켰다고 한다. 하지만 그 어느 것도 숫자를 파악하기는 어렵다고 한다.

Ⅲ. 관방 정책

1. 읍성 축성

조선 전기에 국경을 확장하고 지속적으로 영토를 지키기 위해서는 관방 시설의 확충이 필요하였다. 세종대에 최윤덕과 정흠지(鄭欽之) 등으로 하여 심정(審定)하였던 충청·경상·전라의 하삼도 연해 읍성(邑城)이 문종대에 정분(鄭苯)의 심정으로 다시 규식화되어 축조되게 되었다. 이러한 일은 비변사(備邊司)의 전신으로 축성사(築城司)가 있고, 지변사자(知邊事者)가 모여 회의하는 가운데서 지변사자 외 1명이 축성 체찰사(築城體察使)가 되어 시행하였다. 대표적으로 조선 전기에 최윤덕, 정분, 홍응(洪應), 고형산(高荊山)이 축성 체찰사로서 축성역(築城役)을 감독하였다.

세종대에는 1419년(세종 원년) 기해동정(己亥東征, 대마도 정벌)을 계기로 왜구의 침입에 대비하기 위한 연해 읍성의 축조가 시급히 요청되었다. 제한된 무역이지만 1421년(세종 8)까지 3포가 개항되어 왜상(倭商)이 경상도의 내이포·부산포·염포에 왕래하였다. 또 입거자의 제한에도 불구하고 항거왜인(恒居倭戶)가 점차 증가되어 농사짓기까지에 이르자 이들에게도 수세(收稅)하였다. 그리고 왜인에게 남해의 해도에서 조어(釣魚)를 허가하여 전라도의 고초도에 이르기까지 연안해역에서 어로 활동을 하되 제세포(知世浦)에서 수세하였다. 이처럼 왜인들에 대한 회유책이 정착되면서 이전보다 왜구가 현저히 감소하였고, 연해 지역은 모처럼 평안한 나날이 계속되었다. 그러나 차용걸의 연구에 따르면 소규모의 왜구는 여전히 간헐적으로 있었으며, 명나라와의 무역을 계속하였던 왜인들이 연해 해로를 왕래하고 있었으므로 아직 왜구가 완전히 없어지거나 왜구의 위험이 완전히 사라진 것은 아니었다고 한다.

조선 전기에 중앙정부는 만약의 사태에 대비하기 위하여 해안의 포구에 병선과 기선군(騎船軍)을 배치하여 수상에서 1차적인 방어를 하도록 하였다. 차용걸과 심정보의 연구에 따르면 수상 방어를 맡은 수군의 진영들은 일정한 유박처(留泊處)와 분박처(分泊處)가 규정되어 해안방어와 체제가 갖추어졌지만, 전국의 해안선이 매우 긴데다가 연해 지역에는 유박처나 그 외의 해안으로 상륙할 왜의 대규모 침입에 대비하여 고려시대부터 있어 온 소규모의 불완전한 읍성들이 있을 뿐이었다. 반면 내륙에는 이전부터 많은 산성이 있어서 입보할 태세가 되어 있었다고 한다.

그러나 세종대에 이르러서는 연해 지역과 섬 지방의 공동화(空地化)에서

벗어나 연해 지역의 개척이 활발히 이루어졌으며, 그에 따라 연해 지역과 해도(海島)에 거주하는 인구가 증가되었다. 이처럼 연해 지역의 경제적인 유용성이 커짐에 따라 인구가 증가되었으며, 이러한 현상은 중앙정부로 하여 종래의 방비책인 내륙의 산성입보체제(山城入保體制)만을 강요할 수 없도록 만들었다. 즉 연해 지역의 주민이 많아지고 농경지가 착실히 개척되었으므로 새로이 정착한 사람들을 왜구의 위협에서 보호해야 할 정책적인 전환을 보게 되었다. 이러한 추세로 내륙보다도 연해 군현들에 대하여 1차적인 안전보장을 위한 관방시설을 만들지 않으면 안 되었다. 이러한 점에서 세종대 전반기에는 연해 읍성의 축조를 위한 입보처(入保處)의 변화가 이루어졌다. 그래서 내지의 산성과 읍성, 연해의 산성과 읍성이 입보처로서 공존하게 되었다고 한다.

그러나 1429년(세종 11) 이후로는 연해 지역의 읍성들에 대해 일정한 기준에 의한 축성을 강요하였다. 또 축성의 기본방향도 연해 긴요읍(緊要邑)을 1차적인 대상으로 하고, 다음에 점차 내륙의 읍으로 축성을 진행시키도록 계획하였다. 이러한 정책은 전국의 대왜 관방시설의 상태를 점검·확인하고, 매년 축조될 읍성의 기지와 규모를 심의·결정하며, 여기에 투입될 축성을 위한 인력 동원까지를 결정하는 책임자로서 충청·전라·경상도 전체를 통할하는 도순문사(都巡問使) 혹은 도순무사(都巡撫使)나 도체찰사를 두고, 그의 보조자로서 종사관(從事官)을 둠으로써 착수되었다. 이들은 연해 지역을 차례로 돌아보면서 감사·도절제사 등과 상의하여 지형적 조건과 성의 규모, 성내의 수원(水源), 입보의 편의 등을 고려하여 축성 지점을 이전과 같이할 것인지, 신축할 것인지, 혹은 넓히거나 좁혀 쌓을 것인지를 결정하여 시행하도록 건의하였다. 이들의 건의는 대개 전적으로 받아들여졌다. 이러한 정책은 1429년(세종 11) 병조판서 최윤덕이 도순무사로 임명된 이후 본격화되기 시작했다. 최윤덕은 연해의 「각관성자조축조건(各官城子造築條件)」

을 정하여 종사관 박곤(朴坤)과 함께 연해 읍성 축조의 사명을 수행해 나갔는데, 이때는 도마다 몇 개 읍의 축성에 징발된 인부들이 집중적으로 동원되었다.

1429년(세종 11) 2월에 마련한 「각관성자조축조건」에 의해 수축되거나 개축된 연해 읍성들은 방어에 가장 긴요한 지역들이었다. 이들 읍성들의 축조 목적은 침입자가 있으면 성문을 굳게 닫고 지키며, 평상시에는 모두 들판에 나가 농사를 짓기 위한 것이었으므로 사방과의 거리가 평순하고 광활한 평지에 쌓는 것이 기본이었다. 그보다는 좀 더 방어의 편의와 거민입보(居民入保)가 가장 이상적으로 조화된 야산이나 구릉지를 끼고 있거나 해수나 천류가 휘둘러진 곳으로 자연적인 지형조건이 방어능력을 제고시킬 수 있는 곳들이 택정되었다. 따라서 넓은 평야일 경우 읍성은 네모꼴로 쌓여질 수 있었으나, 대부분 지형조건을 이용함으로써 네모꼴보다는 부정형(不定形)을 이루는 경우가 많았다.

또 지형적 조건이 아무리 훌륭한 방어력을 가졌다 하더라도 성내가 넓고 평평하여 관사와 군자고가 설치되고, 수원이 충분하여 많은 주민이 입보하여 오래도록 견딜 수 있는 조건이 구비된 곳이어야 하였다. 기존의 성터가 가지고 있던 조건들이 다시 조사되었으며, 경제력의 증가와 그에 따른 인구의 증가로 말미암아 종래의 읍성이 '주민의 입보에 알맞는가'의 여부도 역시 축성역(築城役)과 함께 성의 형태를 변형시킬 수밖에 없었다. 따라서 옛 읍성의 입지조건이 새로운 계획에 맞지 않는 경우에는 아예 새로운 읍성터를 선택하여 새로 쌓거나 아니면 입지조건상의 미비점을 보완하였고, 민호가 증가하면서는 종래의 성터를 보다 넓게 평지까지 확장시켜 나가는 추세였다.

한편 강성문의 연구에 따르면 세종대에 이르러 본격화된 연해 지역 고을들의 읍성 축조는 종래의 산성입보체제(山城入保體制)를 근본적으로 변화시킬 수 있는 것이었으며, 또 그런 방향으로 추진되었다. 15세기 전반기에는 연해 지역의 읍성 축조가 계획되어 5년 혹은 10년의 기한을 두고 완성을 서둘렀지만, 흉년이나 규식이 맞지 않는 등의 이유로 진척이 늦어졌다고 한다. 그래서 연해 읍성은 15세기 전반기에 이르러서도 미완성의 상태에서 축성의 완성을 도모하였다. 이때 최윤덕이 각 고을에 쌓기를 주장했던 축성론은 『세종실록』 11년 2월 병술조에 다음과 같이 구체적으로 기록되어 있다.

> 1. 하삼도 각 고을의 성 중에서 그 방어가 가장 긴요한 연변의 고을들은 산성을 없애고 모두 읍성을 쌓을 것이며, 그 읍성으로 소용이 없을 듯한 것은 이전대로 산성을 수축하게 할 것이며, 1. 각 고을에서 성을 쌓을 때에는 각기 그 부근에 있는 육지의 주현(州縣)으로 혹 3~4읍 혹 5~6읍을 적당히 아울러 정하여 점차로 축조하게 할 것이며, 1. 민호의 수효가 적고 또 성을 축조할 만하지 않은 각 고을은 이웃한 읍의 성으로 옮겨 함께 들어가게 할 것이며, 1. 각 고을에 쓸 만한 옛 성이 있으면 그대로 수축하고, 쓸 만한 옛 성이 없으면 가까운 곳에 새로운 터(基)를 가리어 신축하게 할 것이며, 1. 각 고을에 견실하지 못한 성이 있으면 각기 호수의 다소를 참작하여 혹은 물리고 혹은 줄여서 적당하게 개축하게 할 것이며, 1. 각 고을의 성을 일시에 다 쌓을 수는 없는 것이므로 각기 성의 대소를 보아서 적당히 연한을 정하여 견실하게 축조하도록 하소서.

1431년(세종 13) 여연에 석성(石城)을 축조하고, 자작리에 읍을 설치한 것이 자성이었다. 1434년(세종 16)에 5년 동안 연해 읍성의 수축을 완료하려던 당초의 계획이 이루어지지 못하자, 형조판서 정흠지(鄭欽之)와 한성판윤 박곤(朴坤)이 대임을 맡아 각기 하삼도와 강원도의 성터를 점검하고 인부 사역(人夫使役)의 방법도 주민이 자신들의 읍성을 축조토록 바꾸어 10년을 기약하고 완공을 서두르게 되었다. 1435년 좌의정 최윤덕이 비변사의(備邊事宜)를 아뢰었는데, 이 가운데 성지와 관련된 부분은 『세종실록』 17년 4월 갑인조에 강계·여연 등 각 고을의 성지(城池)에 거듭 황지(隍池)를 파고, 양계의 변읍에 튼튼하게 성을 쌓아서 여러 목책에 사는 사람들을 겨울이면 읍성에 모아 보호하게 하며, 연변에 성을 쌓는 것이 안쪽에는 작은 돌로 메우기 때문에 쉽게 무너지므로 이제부터는 모두 큰 돌을 쓸 것 등이었다.

다시 1438년(세종 20)에는 판중추부사 조말생(趙末生)이 하삼도의 도순문사가 되어 최윤덕과 정흠지의 뒤를 이었다. 이때는 〈각성신도(築城新圖)〉를 각 읍에 나누어 주어 성벽과 적대(敵臺)·옹성·해자까지 완성하려고 하였다. 이렇게 3차에 걸친 축성은 1444년(세종 26)에 이르러 대략적인 완성을 보일 정도로 대단한 성과가 있었다. 1445년(세종 27)에는 읍성뿐만 아니라 읍성에서 멀리 떨어진 요해처의 책보(柵堡)까지 축조하고자 하여 병조판서 안숭선(安崇善)을 파견하여 성터를 점검하였다.

세종대의 읍성 축조는 세종 11·16·20·27년의 4단계를 거쳐 진행되었지만, 이때 완성된 것은 아니었다. 세종의 뒤를 이은 문종·단종대에는 다시 정비를 필요로 하여 1450년(문종 즉위년)에는 우찬성 정분(鄭苯)을 도체찰사로 임명하고, 김순(金淳)과 신영손(辛永孫)을 종사관으로 하여 마지막 완성을 목표로 하삼도의 읍성을 점검하였다. 정분은 1451년(문종 원년) 8월과 9월에 하삼도의 읍성을 구분하여 당초의 계획대로 완성시킬 것으로 27개 읍성, 성내가 좁거나 지세가 불충분한 경우 성벽을 연장해서 쌓아야 될 것으로 7개 읍성, 개축(改築)할 것으로 8개 읍성을 지정하는 한편 경상도의 6개 성과 충청도의 3개 성은 '수후가축(隨後可築)'으로 지정하였다. 이런 과정을 거쳐 조선 전기의 읍성의 축조는 완성되었다.

2. 행성 축성

조선 전기에 행성(行城)은 적침의 요해처를 가리어 장애물을 설치한 것이다. 조선 전기의 행성에 대해 제안을 한 사람은 최윤덕의 축성론에서 찾아볼 수 있다. 송병기의 연구에 따르면 행성은 흔히 평지에는 석성(石城)을 쌓고 낮고 습한 데는 참(塹)을 하거나 목책(木柵)을 세우고, 높고 험한 곳은 흙을 깍아 내리고, 또 성보(城堡)나 연대(烟臺)를 세워 불우(不虞)에 대비하였던 방어벽을 일컫는다고 한다.

조선왕조가 건국 이후 고려왕조의 북방개척이나 진출을 이어받아 태조·태종대를 거쳐 세종 말년에 이르는 약 60년 동안은 두만강 연변과 압록강 상류로의 개척에 집중하여 6진과 4군을 설치하고 영토확장에 심혈을 기울였다. 그러나 지금까지 여진족의 웅거지가 아니면 무인지경(無人地境)이었던 두만강 연변과 압록강 상류 지역은 이를 수호하기에는 여러 가지 어려움이 많았다. 두만강 연변으로의 사민 정책은 1398년(태조 7)부터 함길도내 부민(富民)을 입거(入居)시키면서 비롯되어 태종과 세종대에 걸쳐 하삼도 및 강원도민을 입거시켰으며, 압록강 상류 지역으로의 사민 정책은 세종대에 이루어졌다.

하지만 사민(徙民)들에 의하여 이 지역에 대한 행정구획이 이루어지고 농사도 짓게 되었지만, 부방(赴防)·입보(入保)·축성(築城)과 기근(飢饉)·요동영송(遼東迎送)·월강경전(越江耕田)의 금지 등이 원인이 되어 입거인(入居人)들의 도망은 늘어만 갔다. 거기에다가 여진족의 침입이 빈번하게 나타나자 이에 대한 대책의 일환으로 압록강·두만강 연변에 여러 행성을 쌓게 되었다.

행성(行城)의 축조는 1440년(세종 22) 2월 우의정 신개(申槩)의 건의에 의한 것이었다. 그는 입보(入保)의 폐단을 첫째, 입보하여 있는 7~8개월 사이에 가옥·집물이 파괴 소망(燒亡)되며 둘째, 입보의 영(令)이 엄하고 급하여 농작물 수확에 지장을 줄 뿐 아니라 수확된 곡식의 보존이 어렵고 가내 방직을 제대로 하지 못하여 의료의 심한 곤란을 받으며 셋째, 농사철에 입보하게 되면 파종을 제때에 하지 못하여 한 해 농사가 실패로 돌아가며 넷째, 남녀가 오랫동안 협책한 성보(城堡)에 잡거하기 때문에 심한 풍기문란을 가져오며, 다섯째, 가축사육의 불편으로 우마(牛馬)의 손실을 자주 보아 경우(耕牛)의 결핍을 보게 되는 것이라고 지적하였다. 그리고 고려의 북계 장성 등이 외적 방어에 주효하였음을 예로 들고, 의주로부터 경원에 이르기까지 장성(長城)을 쌓는다면 만세(萬歲)의 이로움이 될 것이니, 적침 요해처(敵侵要害處)만을 가리어 그 지형에 따라 혹은 참호를 파고 혹은 목책을 세우고, 혹은 돌을 쌓고 또 원근(遠近)을 헤아려 연대(烟臺)를 세워 방비한다면, 야인이 침입하지 못할 것이므로 자연 입보의 폐단이 없어져 연변 주민들이 도망하지 않을 것임을 지적하고, 또 야인의 침입이 없다고 하면 부방(赴防)의 폐도 자연 없어질 것임을 말하였다.

이에 1440년(세종 22)에 세종은 병조판서 황보인(皇甫仁)을 평안·함길도 도체찰사로 임명하여 축조 후보지를 물색하게 했다. 이에 따라 황보인은 이해 3월에서 7월 사이에 의주에서 경원까지의 지역을 직접 답사하고 127개 처의 행성 축조 후 보지를 선정 건의하였다. 이에 1442년(세종 22) 가을부터 행성 축조 역사는 황보인의 주관 아래 봄에는 평안도를, 가을에는 함경도 지역의 행성을 축조하여 1450년(세종 32) 2월 세종이 서거할 때까지 11년간에 걸쳐 계속되었다.

그러나 행성의 축조가 진행되고 있을 1449년(세종 31) 5월 28일 집현전(集賢殿) 부교리(副校理)였던 양성지(梁誠之)는 「청파행성겸비남방(請罷行城兼備南方)」의 주의(奏議)를 올리고 있다. 양성지는 행성을 쌓는 것보다는 주·군의 읍성을 쌓을 것이며. 강변의 구자(口子)를 없애고 내지의 요충을 중점적으로 방어하는 것이 만세보국(萬世保國)의 장책(長策)이라고 하였다. 이러한 그의 주장은 당시로서는 받아질 수 없는 건의였다. 그것은 김종서나 최윤덕과 같은 인물들에 의하여 추진되었던 행성 축조가 왕과 여러 대신들의 지지를 받고 있었기 때문이었다. 1435년 좌의정 최윤덕이 비변사의(備邊事宜)를 아뢰었는데, 이 가운데 행성 관련 부분은『세종실록』17년 4월 갑인조에 다음과 같이 기술되어 있다.

> 1. 평안도의 대령(大嶺)과 험한 길을 수리할 것. 1. 강계·여연 등 각 고을의 성지에 거듭 황지황지(隍池, 해자)를 팔 것. 1. 양계의 변읍에 튼튼하게 성을 쌓아서 여러 목책에 사는 사람들을 겨울이면 읍성에 모아 보호하게 할 것. 1. 연변에 성을 쌓는 것이 안쪽에는 작은 돌로 메우기 때문에 쉽게 무너지니, 이제부터는 모두 큰 돌을 쓸 것.

이처럼 최윤덕은 전술적인 측면에서 북방에서 요구되는 대규모의 축성보다는 소규모의 보(堡), 구자(口子)의 석보(石堡)를 쌓는 방안을 추진하였다. 당시 세종은 두만강과 압록강 연안을 따라 여진의 침입을 막기 위한 행성을 쌓았다. 행성은 대개 강물이 얕은 지역에 쌓아서 적의 침입을 막았다. 두만강 일대의 행성을 보면, 온성의 동쪽 입암(立巖)에서 시작하여 두만강변을 거슬러 올라가서 종성을 지나 회령부의 성 앞에까지 이르렀다. 높고 험한 곳에는 흙을 깎아내리고 평지에는 돌로 쌓아 올리고, 강물이 얕고 습한 곳에는 녹각(鹿角)과 말뚝(弋木)을 설치하였는데, 도합 2백여 리가 되었다. 또 갑산군 지항포(池巷浦) 동구(洞口)의 동봉(東峯)에서 시작하여 옛 군영터에 이르는 행성이 1리 249보였고, 삼수군 어면강(魚面江) 동부에서 상목평(桑木坪)에 이르는 행성이 29리 239보였다고 한다.

조선 전기에 각종 지리지의 기록을 참조하면 압록강 지역의 행성은 국방의 요소요소에 설치되었다. 즉 의주 행성이 읍성 북쪽으로부터 구용연(九龍淵)에 이르는 것이 6,720보(步)이었고, 정녕(定寧) 행성이 옥강동구(玉岡洞口)

로부터 장항봉(獐項峯)에 이르고, 벽동(碧潼) 행성이 소파아(小波兒) 송림현(松林峴)으로부터 비소리평(非所里平)에 이르기까지 15리 50보였다. 이 밖에 벽단구자(碧團口子) 행성(23리), 창성(昌城) 창주구자(昌洲口子) 행성(14리 150보), 이산(理山) 행성(10리 240보), 위원(渭原) 행성(4리 190보), 강계 만포구자(滿浦口子) 행성(14리), 고산리구자(高山里口子) 행성(7리 3보), 자성(慈城) 지녕괴(池寧怪) 행성(1리 108보), 유예구자(虞芮口子) 행성(6리 295보), 여연(閭延) 조명간구자(趙明干口子) 행성(31리 195보)이 있었다. 또 서해현(西解峴)으로부터 시반강(時反江)에 이르기까지와 태일(泰日)로부터 북변동구(北邊洞口) 암석에 이르기까지의 행성이 도합 11리 56보였다고 한다.

Ⅳ. 군비 증강책

조선왕조는 건국 초부터 명·일본·여진과의 불화와 외침에 대비하기 위하여 군비 증강에도 주력하였다. 중앙에서는 군기감(軍器監)이 무기 생산을 관장하였고 골철(貢鐵)로써 무기를 생산하고 있었다. 각 지방의 무기 생산은 지방제도가 점차 정비되면서 개수관(界首官)과 영(營)·진(鎭)에서 담당하였고 「월과군기법(月課軍器法)」이 적용되었다. 각 도의 계수관은 1394년(태조 2)에 확정되었다. 지방의 경우는 고려 말 이래 동·서·북면과 각 도로 하여 철물을 많이 생산하여 군기 제조량을 늘리도록 강요하였는데, 그간의 성과가 크지 못하자 1392년(태조 원년) 9월에 이르러 비로소 월과제(月課制)를 적용하게 되었다. 월과제 아래 철물 생산과 군기 제조작업이 실시되면서 도절제사나 도순문사(都巡問使)는 각기 도내의 철물 생산량과 군기 제조의 월별 실적을 계월(季月)마다 도평의사사(都評議使司)에 보고하여야 했다.

1435년 좌의정 최윤덕이 비변사의(備邊事宜)를 아뢰었는데, 이 내용 가운데서 군비 증강 및 무기와 관련된 부분은 『세종실록』 17년 4월 갑인조에 다음과 같이 구체적으로 기술되어 있다.

> 1. 평안도의 수영(水營)이 모두 병선(兵船)을 정박할 곳이 없어서 항상 배를 육지에 두니, 작은 배를 만들어서 띄워 정박시켜 두고, 선군(船軍)은 감하고 육지의 진(鎭)을 둘 것. 1. 화포와 화살이 모두 쓰지 못하게 되었으니 공장(工匠)을 보내어 고쳐 만들 것. 1. 서울과 각도의 군기와 화살을 개조하는 것을 제외하고는 새로 만드는 화살은 양식에 의하여 제조할 것. 1. 평안도가 근년에 방어로 인하여 철을 채취하지 못하니, 그 성을 쌓는 데에 필요한 철을 다른 도에 적당히 배정할 것. 1. 평안도로 하여 금법(禁法)을 범하여 몰입된 잡물을 가지고 요동에 가서 물소뿔(水牛角)과 진사(眞絲)를 무역하여 각궁(角弓)을 만들게 할 것. 1. 제용감(濟用監)의 포물(布物)을 가지고 요동에서 물소뿔과 진사를 바꾸어 군기감으로 하여 각궁을 제조하게 할 것. 1. 기(旗)와 깃대를 될 수 있는 대로 경쾌하게 하고, 깃대의 양끝에 칼날을 박을 것. 1. 갑옷을 만들 때 소매를 짧게 하여 되도록 경쾌하게 할 것. 1. 각도와 각포(各浦)의 병선을 두세 척만 정박하여 두는 것이 온당치 않으니, 지난 병자년 동래 동강(東江)의 일을 감계(鑑戒)로 삼을 것. 1. 무략(武略)이 있는 사람은 화포 쏘는 것을 익히게 하여 여러 도에 나누어 보내어 가르치게 할 것. 1. 양계에 아직 철질려(鐵蒺藜)는 그만두고 먼저 장전(長箭)과 편전(片箭), 화포전(火砲箭)을 만들 것. 1. 병선의 재목은 비변(備邊)에 중요한 것인데, 지금 군자감(軍資監)을 조성하기에 소나무를 많이 소비하니, 사고(瀉庫)를 지을 것 같으면 소비를 생략할 수 있을 것이요, 또 유사(攸司)로 하여금 갯수를 참작하여 정하되, 장단(長短)과 광협(廣狹)은 제한하지 말고 벌채하는 대로 수납하게 할 것.

이처럼 최윤덕은 병선과 선군 문제, 화살 제조, 각궁 제조, 갑옷 제작,

화포 사용, 장전(長箭)·편전(片箭)·화포전(火砲箭) 제작, 병선의 제목 등에 대한 대책을 종합적으로 제시하였다. 특히 조선 전기에는 국방의 강화를 위해서 무기의 개발이 필요하였는데, 1432년 북방 야인들은 편전과 화포를 가장 두려워하였으므로 여진족의 침략에 대비해 연대·신포 등을 준비케 하였다. 이에 대해서는『세종실록』14년 2월 기해조에 기술되어 있다.

> 우리나라의 외환(外患)은 북방에 있다. 야인이 중국의 경역(境域)을 침노하지 못하는 것은 중국의 화포와 궁노(弓弩)를 두려워하기 때문이다. 근래 10여 년 동안에 야인이 우리의 국경을 침략하지 못하는 것은 전시귀(田時貴)·이징옥(李澄玉)·하경복(河敬復) 등이 능히 전승(戰勝)하였기 때문이었다. 비록 적이 침범하는 변고가 있더라도 만약 능히 연대(烟臺)를 높이 쌓고 수비와 방어에 필요한 물건을 구비하여 지킨다면, 야인은 반드시 오래 머무르지 못할 것이었다. 병조에서 미리 연대(烟臺)·신포(信砲)·소화포(小火砲) 등의 물건을 준비하게 하라."

먼저 최윤덕은 군비 증강책으로 화포의 개량과 관리에 대해서 관심을 가지고 추진하였다. 1434년(세종 16)에 조선왕조에서 화약과 화포의 개발을 담당하던 최해산(崔海山)이 파직당하자 최윤덕은 군기감(軍器監)의 관리를 임용하는 문제를 아뢰어 시행하였다. 군기감은 화포에 관한 일을 전장(專掌)하고 있는데, 최해산이 죄를 얻어 한직에 있음에 변상근(邊尙覲) 한 사람만이 홀로 관장하기가 어려운 것이므로 감장관리(監掌官吏)를 임명하도록 요청하여 그렇게 시행하고 있다.

1437년에 최윤덕은 각도의 화통전(火筒箭) 등 병갑의 제도를 한결같게 통일하여 시행하였다. 이에 대해서는『세종실록』19년 5월 무오조에 다음과 같이 각각 기술되어 있다.

가. 여러 도의 화통전(火熥箭)이 대소장단(大小長短)의 체제가 같지 아니하니, 이로 인해 쏘아도 맞히지 못합니다. 신이 평양에 있을 때 제도를 고쳐 바루어서 쏘게 하매 모두 과녁을 맞히었사오니, 청하건대, 각도 화통전의 제도를 한결같게 하옵소서.

나. 각도·각관의 병갑(兵甲)이 제도가 일정하지 아니하매 또한 개수(改修)함이 마땅합니다. 이에 임금이 병조와 군기감 제조(軍器監提調)에게 같이 논의하기를 명하자, 병조와 제조가 아뢰기를 "각색 화통 통아(各色火熥筒兒) 및 화살을 마땅히 고쳐 바르고, 활·갑옷·기 등도 고쳐 만들어서 한 벌은 각도에 나누어 보내어 이 제도를 보고 만들게 하되, 기는 폭의 길이가 상현(上弦)은 6척, 하현(下弦)은 3척, 넓이는 2척 5촌으로 긴 창에 달아매게 하소서."

이처럼 최윤덕은 화통전의 규격을 통일시키고, 활·갑옷·기의 크기도 통일시키도록 하였다. 이에 화약과 화포의 기술이 개인의 비법으로 이루어지던 단계에서 관의 기술자에 의해 기술이 공유되도록 한 것이다. 이 결과 2차 여진정벌에는 화포의 대량생산과 개인 휴대화기인 세총전(細銃箭) 등의 개량이 이루어져서 사용할 수 있었다.

다음으로 최윤덕은 함선의 개량에 대해서도 관심을 가지고 있었다. 조선은 왜구를 해상에서 무찌르는 고려 말기의 전략을 그대로 답습하여 태조·태종 등 역대 임금이 수군과 군선의 정비·강화에 부심하여 세종대에는 막강한 수군의 세력과 군선의 척수를 보유하기에 이르렀다. 당대 수군의 선척은 대선(大船)·중대선(中大船)·중선(中船)·병선(兵船)·쾌선(快船) 등 13종 829척에 달했다. 그런데 이들 군선은 왜구가 한창 극성하던 고려의 공민왕과 우왕대에 수군 활동을 재개하며 건조하기 시작하여 조선조에 들어서 초기에 이르기까지 불과 수십 년 동안에 급작스럽게 건조·보강된 것이어서 선박구조의 규격이 없고 선형도 통일되지 않는 등 결함이 많았다.

전통 선박 연구자인 김재근의 연구에 따르면 태종·세종대에 왜구의 진압이 일단락되자 군선의 각종 결함이 지적되면서 그 개량이 적극적으로 모색되기에 이르렀다고 한다. 이에 세종 연간에는 유구에서 기술자를 초빙하기도 했다. 예를 들면 1430년(세종 12)의 기록에 다음과 같은 내용이 기술되어 있다. "중국 강남, 유구(沖繩), 일본 등 여러 나라의 배는 모두 철정(鐵釘)을 쓰고 여러 날 걸려 건조되므로 견치(堅緻)하고 경쾌하여 여러 달 바다에 떠 있어도 물이 새지 않고 큰바람을 만날지라도 깨지지 않아 20~30년을 쓸 수 있다. 그런데 우리나라의 병선은 나무못을 쓰고, 또한 급속히 건조되므로 튼튼하고 경쾌할 수가 없어 8~9년도 못 가서 벌써 파손이 되고 헐어져 보수를 일삼게 되므로 선재인 소나무가 견뎌내기 어려워 그 폐단이 크다. 그러므로 이제부터 다른 나라의 조선 예에 따라 서둘지 말고 철정으로 꾸며 배가 견치하고 빠를 수 있도록 하자"는 것이다.

또 같은 시기에 군선과 관련된 다음과 같은 기록도 있다. 즉 "각 포의 군선은 모두 마르지 않은 송판으로 나무못을 써서 만들어 풍랑을 만나면 이은 자리가 쉽게 해이되므로 틈새가 많이 생기고 물이 새어 습해지므로 빨리 썩어버려 7~8년을 견디지 못하고 또 새로 배를 만들게 되니, 연변의 소나무가 거의 다 떨어져서 장차 계속되기가 어려운바, 중국선은 역시 소나무를 써서 조선을 하는데 가히 20~30년을 쓰고 있은 즉, 청컨대 중국선의 선제(船制)에 따라 철정을 쓰고 판자에 석회를 바르고, 또 괴목을 쓰고 판자를 겹붙여 배를 만들어 시험을 하자"는 내용이다.

이처럼 당시 지적된 한선의 중요 결함은 마르지 않은 소나무 재료를 가지고 나무못을 써서 서둘러 건조하므로, 배의 속력이 나지 않고 접합 고착한 부분이 취약하여 배의 수명이 짧다는 것이었다. 이런 논란이 있은 지 4년이 지난 1434년(세종 16)의 『세종실록』 9월 정유조에 다음과 같이 기록하고 있다.

의정부와 6조가 모두 전함이 빠르고 느린 데 대하여 왕에게 상주하기를 세종 13년 경강에서 만든 동자갑선(冬字甲船)이 중간 정도로 빠른데 하체에는 철장과 목정을 절반씩, 그리고 상장에는 모두 철정을 써서 철이 1,800근 들었습니다. 우의정 최윤덕이 아뢰기를 채택할 만합니다. 금년 가을 경강에서 사수색(司水色)이 만든 왕자 갑선(往字甲船)이 가장 빠른데, 하체에는 철정과 목정을 절반씩, 그리고 상장에는 모두 철정을 써서 철이 모두 1,900근 1량이 들었습니다. 의정부와 6조가 모두 아뢰기를 채택할 만합니다. 금년 봄 유구(琉球)의 선장이 만든 월자갑선(月字甲船)이 제일 빠르지 못한데, 상장과 하체에 모두 철정을 써서 철이 3,352근 1량이 들었습니다. 왕이 병조에 명하기를 금후 각 도와 각 포의 전선은 동자와 왕자 시험선을 본받아 만들도록 하고, 유구의 선장이 만든 월자선(月字船)이 비록 그 상장이 전함에는 맞지 않아도 그 하체가 견실하여 그 공법을 취할 만한즉 그것 역시 본받도록 각 도에 이첩(移牒)하라고 했다.

이 기록은 1430년(세종 12)부터 거론되어 온 선제 개혁의 의도가 이후 여러 나라의 배를 시험적으로 만들어 시험해 본 결과, 결국 1434년(세종 16)에 이르러 중국의 조선법을 채택하게 된 경위를 말한 것이다. 이때 논의를 우의정 최윤덕이 주도하였다. 김재근의 연구에 따르면 갑선(甲船, 甲造船 또는 甲造法)은 한국 사서에 기록된 중국 강남의 첨저선(尖底船)을 말하는 것이다. 중국 조선법은 외판을 접붙인다(板疊造)는 데서 나온 이름이라고 한다. 이에 대하여 한국 재래의 한선(韓船)과 구조법은 외판을 외겹질로 단판(單板)을 쓴다 해서 단조선(單造船) 또는 단조법(單造法)이라 했다고 한다.

1434년(세종 16) 여러 차례의 신중한 연구와 시험 결과에 따라 전국의 군선을 중국의 갑조법(甲造法)에 따라 건조하기로 하였다. 이것은 고려 이후로 전해져 내려온 한선 구조의 평저선(平底船)을 버리고 중국 강남의 조선법에 따른 첨저형선을 채택하기로 한 커다란 전환이었다. 그러나 이 시도는 오래가지 못하고 전통적인 한선으로 복귀하게 되었다. 그것은 1434년(세종 16)에 중국의 조선법에 따르기로 하였던 결정을 17년 후인 1451년(문종 원년)에 다시 전통적인 조선법인 한선 구조로 되돌아오도록 번복한 사실에서 알 수 있다. 그런데 이때 중국의 선제를 포기한 이유는 두 가지였다. 하나는 유능한 배 목수를 얻기 어려워 제대로 배를 만들지 못한다는 것이고, 다른 하나는 단조선도 잘만 만들면 갑조선 못지않게 오래 사용할 수 있다는 것이었다.

Ⅴ. 맺음말

조선 전기에 국가의 기반을 세우는 과정에서 가장 시급했던 국방 분야에서 두드러진 활약을 펼쳤던 최윤덕은 당대 최고의 군사 전문가이자 전략가였다. 무관 출신의 최윤덕은 병조의 관원과 군사 통수권을 문관(文官) 출신이 차지하던 시기에 국방 분야의 여러 방면에서 뛰어난 업적을 남겼다는 점에서도 주목되는 인물이다. 그렇지만 현재까지 최윤덕에 관한 연구는 크게 주목되어 진척되지 못하였으며, 널리 알려지지도 못하고 있다.

최윤덕의 업적은 사후에 바로 이어서 정열(貞烈)이라는 시호가 내린 것이나, 세종의 배향공신으로 공신당에 모셔진 점에서 단적으로 알 수 있다. 최윤덕은 활동 초기에 대마도 정벌과 6진 개척에 참여하였지만, 그의 본격적인 활동은 압록강의 4군을 개척하는 데서 드러났다. 4군의 개척과 여진족의 토벌에서 그는 선구적인 활약과 전과를 거두었으며, 이후 개척한 지역의 영속적인 지배를 위해서 사민과 정착을 추진하였다. 특히 여진 정벌의 본격적인 정벌을 최윤덕이 지휘하여 승리를 거둠으로써 4군 개척이 이루어지게 되는 계기를 마련하였다는 점이다. 이후 압록강 유역까지 조선의 강역을 확장하여 유지할 수 있도록 사민 정책을 추진하도록 하여 영속적인 지배를 가능하도록 만들었다.

이런 과정에서 최윤덕이 제시했던 축성 정책과 집행은 조선 전기에 국방의 근간을 이루었다고 평가할 만하다. 그는 기존의 산성 중시 정책을 지방 행정의 중심인 읍성을 중심으로 한 관방 정책으로 변환하여 추진하였다. 아울러 군사적 요충에는 행성을 쌓아서 방어에 활용하도록 제안하여 시행함으로써 관방의 강화에서 성과를 거두었다. 특히 4군 개척 지역의 지형적인 험준함을 방어에 활용할 수 있도록 행성을 압록강변에 축조하도록 하였다.

한편 국방을 유지하기 위해서는 군비가 제대로 갖추어져야 효과를 발휘할 수 있음을 알고 대책을 수립하여 추진하였다. 조선 전기에 조선 수군의 문제였던 전선의 속도를 개선하기 위해 노력하여 중국식 갑조법을 도입하도록 하였다. 아울러 화기를 개량하여 사용하도록 하되 여진족 등에 비법이 알려지지 않도록 하였으며, 화약의 규격을 일원화시켜 사용함으로써 효율을 높이도록 조처하였다. 이때 개량된 화기는 여진 정벌에서 많은 효과를 발휘하였다.

위에서 살펴본 것처럼 조선 건국 이후에 무엇보다도 시급하였던 국방력 강화에서 많은 성과와 두드러진 업적을 남긴 최윤덕에 관한 체계적이고 지속적인 연구가 꾸준히 이루어지기를 기대해 본다. 최윤덕의 활동을 규명하기 위해서는 가문과 가계에 대한 연구, 군사 활동과 정벌 문제, 후대의 추숭 문제 등이 개별적으로 심도 있게 다루어질 필요가 있다. 마지막으로 이런 계기를 통해서 최윤덕이 역사적으로 올바른 평가를 받게 되고, 이를 바탕으로 널리 알려지기를 새삼 기대해 본다.

[참고문헌]

〈자료〉

『세종실록』, 『태종실록』, 『문종실록』, 『國朝寶鑑』, 『備邊司謄錄』, 『新增東國輿地勝覽』,『輿地圖書』, 『大東地志』, 『龍湖閒錄』, 『經世遺表』, 『燃藜室記述』, 『江漢集』, 『海東野言』, 『與猶堂全書』, 『林下筆記』, 『輿載撮要』.

〈저서와 논문〉

강성문, 『한민족의 군사적 전통』, 봉명, 2000.
國防軍史研究所, 『韓民族戰爭通史 Ⅲ ; 朝鮮時代 前篇』, 國防軍史研究所, 1996.
국사편찬위원회 편, 『한국사론 7』 조선 전기 국방체제의 제문제, 1980.
국사편찬위원회 편, 『한국사론』 24, 한국사연구의 회고와 전망 Ⅱ, 1994.
국사편찬위원회 편, 『한국사론』 7, 조선 전기 국방체제의 제문제, 1981.
金在瑾, 『續韓國船舶史研究』, 서울대출판부, 1994.
金在瑾, 『韓國船舶史研究』, 서울대출판부, 1984.
방동인, 『한국의 국경획정연구』, 일조각, 1997.
白山學會 편, 『朝鮮時代 北方關係史 論攷(1) (2)』 白山資料院, 1995.
오종록, 『조선초기 양계의 군사제도와 국방』, 국학자료원, 2014.
유재춘, 『韓國 中世築城史 研究』, 경인문화사, 2003.
육군군사연구소 편, 『한국군제사』 개설, 2012.
육군군사연구소 편, 『한국군제사』 조선 전기 Ⅰ, 2012.
육군사관학교 한국군사연구실 편, 『한국군제사』 근세조선 전기 편, 육군본부, 1968.
이상협, 『조선 전기 북방사민 연구』, 경인문화사, 2001.
許善道, 『朝鮮時代 火藥兵器史研究』, 일조각, 1994.

姜性文, 「崔閏德의 國家防衛論과 軍事觀」, 『군사』 36, 국방군사연구소, 1998.
강영철, 「朝鮮初期의 軍事道路-北方 兩地帶의 境遇에 대한 試考-」, 『한국사론』 7, 1980.

김경록, 「조선 전기 동북아의 정세와 전쟁」, 『軍史』 110, 국방부 군사편찬연구소, 2019.
김구진, 「조선 초기에 韓民族으로 동화된 土着 女眞」, 『白山學報』 58, 2001.
金昊鍾, 「世祖의 國防政策에 關한 一硏究」, 『安東文學論文集』 창간호, 안동대학, 1979.
남의현, 「고지도를 통해서 본 15~17세기의 변경지대-압록강, 두만강 변을 중심으로-」, 『만주연구』 14. 2012.
柳在春, 「朝鮮前期 城郭 硏究-『新增東國輿地勝覽』의 기록을 중심으로-」, 『軍史』 33, 國防軍史硏究所, 1996.
柳在春, 「朝鮮前期 行城築造에 관하여」, 『江原史學』 13·14, 1998.
李玟洙, 「世宗朝의 國防政策과 國民福祉」, 『역사교육논집』 13·14, 역사교육학회, 1990.
李玟洙, 「朝鮮初期 國民福祉政策-世宗代의 語文과 國防政策을 中心으로-」, 『慶州史學』 15, 1996.
李章熙, 「朝鮮前期 事大交隣關係와 國防政策」, 『軍史』 34, 國防軍史硏究所, 1997.
朴玉杰, 「朝鮮前期 國防體制의 성격에 대하여」, 『白山學報』 45, 白山學會, 1995.
方相鉉, 「朝鮮前期의 烽燧制-國防上에 미친 影向을 중심으로-」, 『史學志』 14, 단국대학교 사학회, 1980.
宋炳基, 「世宗朝의 兩界行城 築造에 대하여」, 『史學硏究』 18, 1964.
오종록, 「朝鮮初期의 國防論」, 『震檀學報』 86, 1998.
吳宗祿, 「朝鮮前期 軍事史 硏究의 現況과 課題」, 『軍史』 36, 國防軍史硏究所, 1998.
오종록 「세종의 북방영토 개척과 국방」, 『鄕土서울』 73, 서울特別市史編纂委員會, 2009.
오종록 「조선초기의 국방정책-양계(兩界)의 국방을 중심으로」, 『역사와 현실』 13. 1994.
尹薰杓 「朝鮮前期 軍法의 適用과 軍令의 運用」, 『軍史』 61, 국방부 군사편찬연구소, 2006.
이상협, 「朝鮮前期 北方徙民과 民의 動向」, 『강원사학』 17·18, 2002.

이상협, 「조선 전기 北方徙民의 性格과 實相」, 『成大史林』 12·13합집, 1997.

李仁榮, 「鮮初廢4郡地理考(上·下)」, 『青丘學叢』 29·30, 1937·1938.

車文燮, 「朝鮮前期의 國防體系」, 『東洋學』 14, 단국대학교 동양학연구소, 1984.

車勇杰, 「世宗朝 下三道沿海邑城築造에 대하여」, 『史學研究』 27, 한국사학회, 1979.

深谷敏鐵, 「朝鮮世宗朝における東北邊境への第三次の徙民入居について」, 『朝鮮學報』 19, 1961.

深谷敏鐵, 「朝鮮世宗朝における東北邊境への第二次の徙民入居について」, 『朝鮮學報』 14, 1959.

深谷敏鐵, 「朝鮮世宗朝における東北邊境への第一次徙民入居について」, 『朝鮮學報』 9, 1956.

최윤덕 장군 유적의 활용과 과제

김주용 | 국립창원대학교 박물관 학예실장

Ⅰ. 머리말

최윤덕 장군은 조선 세종대의 대마도 정벌과 현재의 한반도 영역을 확정한 4군 정벌을 이루어 내었으며, 조선 역사상 무관으로서 유일하게 우의정, 좌의정의 정승반열에 올라 그 역사적인 행적이 명확한 창원 출신의 대표 인물이라고 해도 과언이 아니다. 또한 경상남도기념물로 지정·보호되고 있는 '정렬공 최윤덕 묘'와 '최윤덕 유허지'를 비롯하여 정승샘, 전설 등 수많은 최윤덕 장군과 관련된 문화유적이 창원에 위치하고 있다. 특히 정렬공 최윤덕 묘는 세종의 명에 의해 국가에서 장례를 수행하였던 바 창원을 대표하는 역사성과 상징성을 지니고 있는 소중한 문화유산이다. 이에 창원을 대표하는 역사인물로서 최윤덕 장군을 주목하고 2010년에는 창원 탄생 600주년을 기념하여 창원시청 광장에 최윤덕 장군 동상까지 건립되기도 하였다.

그러나 최윤덕 장군에 대한 유적지 복원 등 성역화 사업은 생가터의 위치 논란으로 중단되었고, 경상남도기념물인 의창구 북면 내곡리 '최윤덕 장군 생가지'는 2015년 5월 '창원 최윤덕 유허지'로 명칭이 변경되기까지

했다. 최윤덕 장군과 관련된 지역은 맞지만 출생과 관련 근거가 명확하지 않아 '생가지'로 명칭을 유지하기에는 논란의 소지가 있다는 판단이다.

이는 창원의 대표인물인 최윤덕 장군에 대한 체계적인 연구가 미흡할 뿐만 아니라 활용방안 역시 종합적이고 체계적이지 않은 상황에서 성역화 사업이 추진되었기 때문이다.

본고에서는 창원을 대표하는 역사성과, 상징성을 지니는 최윤덕 장군과 관련된 유적현황을 살펴보고 활용방향과 과제에 대해 논해보고자 한다.

Ⅱ. 최윤덕 장군 관련 유적현황

1. 창원지역

1) 정렬공 최윤덕 묘역

정렬공 최윤덕 묘역(박성천 2012)은 창원시 의창구 북면 대산리 산 8번지 백월산 서쪽 자락인 큰감봉우리산의 주능선 정상부인 해발 72~86m에 위치한다. 다소 완만하게 경사진 능선 정상부 전면 남쪽에는 최윤덕과 부인 묘가 1군(群)을 이루고 약 46m 떨어진 북서쪽에 계모와 부모 묘가 또 하나의 1군으로 조성되어 총 4기가 위치하고 있다.

묘역의 입지는 백월산 자락으로서 자연지리적으로 보아 주변 능선들은 좌청룡, 우백호를 이루며 최윤덕 묘역 능선을 포근하게 감싸고 있으며, 능선 구릉의 곡간에서는 윤간수가 흐르고 전면으로 천주산이 위치하고 있다. 이러한 자연 지리적인 입지는 우리나라의 전통사상인 풍수지리적 관점에서 보기 드문 명당에 해당한다.

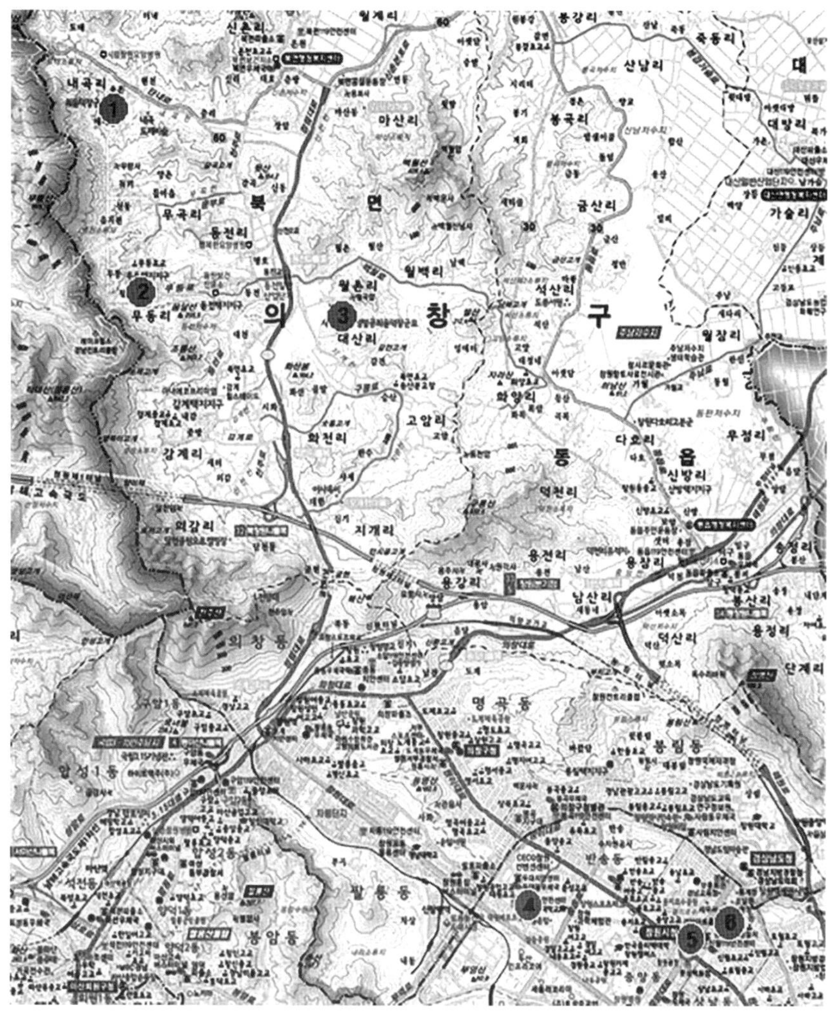

〈그림 1〉 창원지역 최윤덕 장군 유적 현황

번호	유 적 명	비 고	번호	유 적 명	비 고
1	내곡리 최윤덕 장군 유허지	경남 기념물	4	최상국정려각	2002년 소답동에서 이전
2	무동리 최윤덕 장군 유허지	추정생가지	5	최윤덕장상 동상	2010년 건립
3	최유덕장군 묘역	경남 기념물	6	최윤덕장상 신도비	1996년 건립

조성된 묘는 장대석의 호석으로 조성된 방형묘(方形墓)이다. 정경부인 안동 권씨 묘(계모)와 정경부인 창원 이씨(친모)의 묘는, 2001년 경기도 파주 소재 아버지 최운해 장군 묘가 이곳으로 이장되어 어머니 묘에 합장될 때 보수 등이 이루어졌다. 반면 최윤덕 묘와 부인 정경부인 팔거 도씨 묘, 그리고 어머니 정경부인 창원 이씨 묘의 호석(護石)과 문인석(文人石)은 해당 묘 조성당시의 상태를 유지하고 있는 것으로 판단된다. 따라서 최윤덕 묘역에 조성된 묘는 고려 후기부터 조선 초기에 유행한 사대부에서 사용한 방형묘로서 고고학적으로 하나의 시대상을 반영하고 있다.

그리고 비석과 파비, 문인석 흉배에 새겨진 금석문을 통해 묘주와 가족관계, 묘역정비 시기 등을 확인해 볼 수 있다. 최윤덕 묘 앞 비석을 통해 헌종 12년(1846)에 묘주인 최윤덕과 부인 묘의 존재를 확인할 수 있고, 나아가 10세손에 의해 묘역정비가 이루어졌음을 추정해 볼 수 있다. 최윤덕의 관직에 따른 어머니의 봉작이 정부인(貞夫人), 정숙부인(貞淑夫人), 정경부인(貞敬夫人)으로 변하고 있어 문헌기록의 조선초기 봉작제(朝鮮初期 封爵制) 시행을 뒷받침해주는 귀중한 자료에 해당된다. 그리고 이를 통해 묘역정비가 이루어졌을 가능성과 그 시기와 주체는 최윤덕 장상의 생존 시 그에 의해 친모 묘역에 비의 건립과 명문이 새겨진 것으로 판단된다.

〈표-1〉 정렬공 최윤덕 묘역 현황(박성천 2012 인용)

墓主	관계	묘역		문인석 (㎝)	비고
		묘(m)	시설물		
정렬공 최윤덕 장군 묘	최윤덕 장군 (1376~1445)	방형묘 (5.8×4.7) 2단 호석	상석, 비석 3단 (상·중·하계) 문인석 1쌍	우 207 좌 214	
정경부인 팔거 도씨 묘	부인 (?~?)	방형묘 (5.99×4.75) 호석	상석 2단(상·하계) 문인석 1쌍	우 188 좌 188	

墓主	관계	묘역		문인석 (㎝)	비고
		묘(m)	시설물		
정경부인 안동 권씨 묘	계모 (?~1440)	방형묘 (5.5×3.9)	자연할석 1단	없음	繼母가 卒하였으므로 쌀·콩 합하여 30석, 종이 70권, 석회 60석을 하사(세종실록)
양장공 최운해 및 정경부인 창원 이씨 합장묘	부 (1347~1404)	방형묘 (4.8×3.78) 1단 호석	문인석 2쌍	우 132 좌 116	최운해묘는 2001년 경기도 파주에서 문인석 1쌍과 함께 이장
	모 (?~1381)			우 159 좌 160	

현재 내부 매장주체부에 대한 발굴 등이 이루어지지 않아 봉분과 묘광 구조 그리고 부장유물 등을 확인할 수 없지만, 동일시기 인근 밀양의 송은 박익선생묘(동아대학교박물관 2002) 등 관련 유적들을 참고해 보면, 석실분 내지는 회격묘의 구조로 추정해 볼 수 있고 묘주(墓主)의 이력 등으로 보아 조선 초기의 가치 있는 고고유물 등이 발굴될 가능성이 높을 것으로 추정된다.

〈표-2〉 최윤덕 장군묘와 밀양 박익 벽화묘 비교(박성천 2012; 동아대학교박물관 2002 인용)

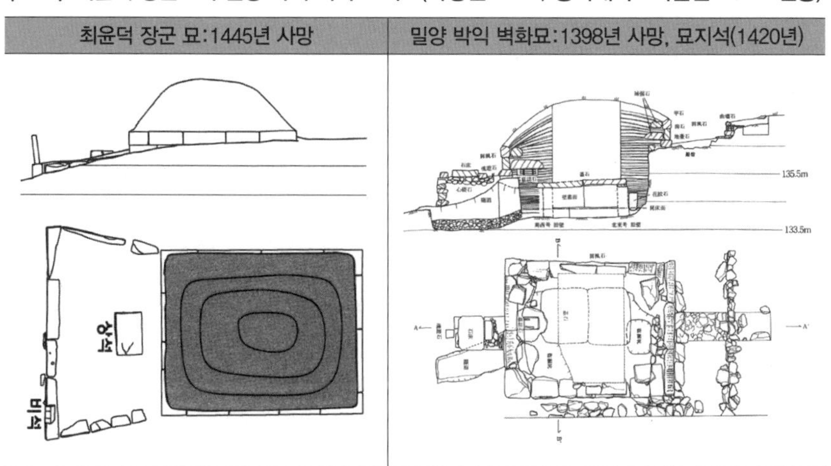

(밀양 박익묘의 발굴조사 결과 깊이 2m의 묘갱을 굴착하고 그 내부에 화강암 석재를 상자형으로 조립하고 개석을 덮은 매장주체부가 확인되었다. 봉분은 점토와 마사토를 교대로 쌓아 다진 판축층을 이룬다. 무덤 내부에는 묘지석과 청동수저, 중국동전, 도자기가 출토되었으며, 석실내부에 처음으로 벽화가 발견되었다. 최윤덕 장군의 묘는 회격묘보다는 박익의 묘와 같이 매장주체부가 석실묘일 가능성이 높다.)

방형묘의 규모는 최윤덕 묘 5.8×4.7m, 부인 묘 5.99×4.75m로 고려말~조선초기의 경남지역 방형묘와 비교할 때 대형급에 속한다.

묘역 시설물은 상석을 포함하여 계체석을 기준으로 최윤덕 묘는 3단(상, 중, 하계), 부인 묘는 2단(상, 하계)으로 조성되어 있다. 문인석은 각각 1쌍인데 최윤덕과 부인 묘는 하계, 어머니 묘는 봉분 좌우, 아버지는 축대 앞에 설치되어 총 8기이다. 묘주의 생몰연대로 보아 고려 말에서 조선 초기에 걸쳐 차례대로 세워진 것으로 추정되므로 문인석의 세부적인 양식적인 변화를 검토해 볼 수 있어 조선 초기 묘제의 석물연구에 중요한 자료(김우림 2007; 이경순 1995; 이은주 2005; 임영근 2006)가 된다.

문인석은 세부적으로 신체와 복두, 얼굴, 복식형태가 동일시기 서울, 경기도 및 강원도 지역의 묘역에 설치된 그것과 시대적 양상이 동일하며, 복두공복의 모습, 인체 비례의 불안정성, 평면적 조각기법, 안면 눈의 돌장승 표현 등 15세기 전반기 문인석의 특징을 보여주고 있다. 특히 연대별로 문인석의 세부적인 변화양상을 그대로 보여주고 있어 그 가치가 매우 높아 연구의 중심이 되고 있다.

문인석의 크기를 살펴보면, 아버지 묘 116~132㎝, 어머니 묘 159~160㎝, 부인 묘 188㎝, 최윤덕 묘는 207~214㎝로 고려말에서 조선초기로 오면서 규모가 크게 조성되는 시대적 경향성을 따르고 있다. 그리고 전체 형태가 사각기둥에서 약간 둥근형으로 변화하고, 몸에 비해 과하게 큰 얼굴에서 비교적 작아지며, 얼굴 형태는 턱이 점차 뚜렷하게 돌출되며, 복두의 형태도 완만한 각도에서 직각으로의 변화하고, 복두 뒷면의 뿔(脚)의 미표현에서 위로 향해 올라가는 전각복두(展脚幞頭)로의 변화, 공복 옷 주름선이 뚜렷해지는 등 시기에 따른 변화양상을 살펴볼 수 있다.

〈표-3〉 최윤덕 장군 묘역 문인상 현황(박성천 2012 인용)

모 창원 이씨	부 최운해	부인 팔거 도씨	최윤덕 장군

1381년	1404년	?	1445년
159~160㎝	116~132㎝	188㎝	207~214㎝

다음으로 최윤덕 장상의 친모(창원 이씨)와 친부인 최운해의 합장은 2001년에 이루어졌다. 그 경위는 아래와 같다.

최윤덕의 아버지인 양장공 참판 승추부사 최운해 장군의 묘소는 경기도 파주에 도굴의 피해를 입고 방치되어 있었다. 1966년 9월 한 고철수집가가 명문(銘文)이 있는 묘가 발견되었다고 신고함으로써 최운해 묘소가 확인되었다. 당시 국립중앙박물관 학술조사단(단장 최순우)에 의해 묘소에 대한 학술조사(1966년 9월 19일 중앙일보 참조)가 이루어졌다.

第908號 1966年9月1

李太祖때名將
崔雲海府事 墳墓발견

「青磁」등遺物도 17點이나

「民墓」研究에 貴重한資料

〈그림 2〉 최운해부사 분묘 발견 신문기사(중앙일보 1966.09.19.)

신문기사에 의하면 국립박물관은 17일 고철 캐는 사람의 신고로 경기도 파주의 한 고분을 조사하여 이태조 때의 명장 최운해 승추부사의 묘임을 밝혔다. 지하 1.5미터 속에 잘 다듬은 화강암으로 길이 3미터, 폭 2미터의 큰 석실로 축조한 이 무덤에는 덜 삭은 뼈가 인체의 형상을 하고 있는데 그 주인공이 누구인가를 설명해 주는 명문이 개석 안쪽에 먹물로 씌어 있었다. 묘실 상단의 명문에 朝鮮資憲大夫 判承樞府使兼判內資寺崔雲海之墓 子 閏福 敬書라 적혀 있었다.

최운해 묘에서 출토된 유물은 명확한 사망년도(1404년) 확인으로 인해 청자 및 분청사기의 편년 연구의 중요한 자료로 활용되고 있다.

이후 문중은 묘소를 정비하고 신도비를 세우고 매년 시제를 지냈다. 그리고 최운해 묘소를 파주시청에 문화재지정 요청을 했으나 지정되지 않았고, 축산시설로 인해 악취가 진동하고 주변에 일반 분묘 축조로 인해 관리가 되지 않아 2001년 파주에서 문인석과 함께 이장하여 친모 창원이씨와 합장하였다.

합장과정에서 개장한 창원이씨묘에서는 특별한 시설이 확인되지 않았고 소량의 자기편만 확인되었다고 한다[1].

〈그림 3〉 최운해 묘 출토 분청상감파도문환(강경숙 1984)

1 통천최씨 문중 최용규님에 의하면 개장 당시에 이미 도굴이 이루어졌으며, 유물은 소량의 자기편과 도굴 당시 사용한 것으로 보이는 목장갑이 나왔다고 한다. 한편 최윤덕 장군 묘소 안내판은 2007년에 합장한 것으로 설명되어 있는데 2001년으로 수정이 필요하다.

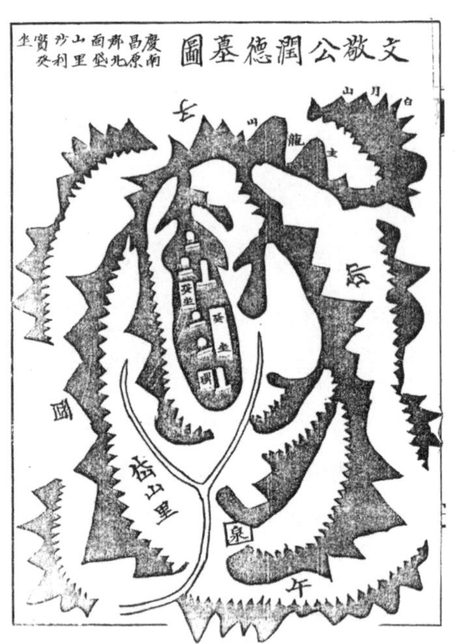

〈그림 4〉『通川崔氏世譜』의 文敬公潤德墓圖(박성천 2012 인용)

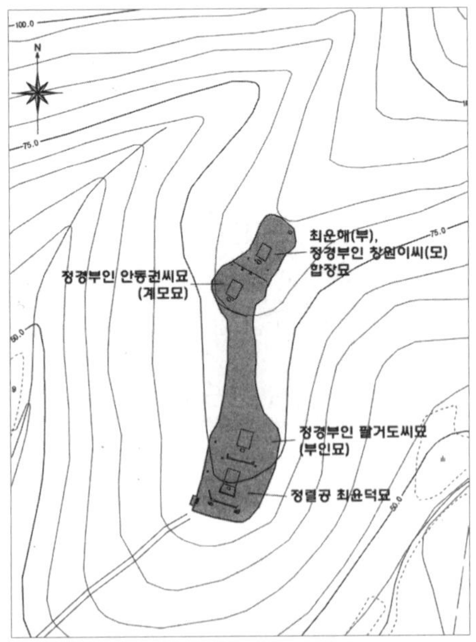

〈그림 5〉 최윤덕 묘역 배치도(박성천 2012 인용)

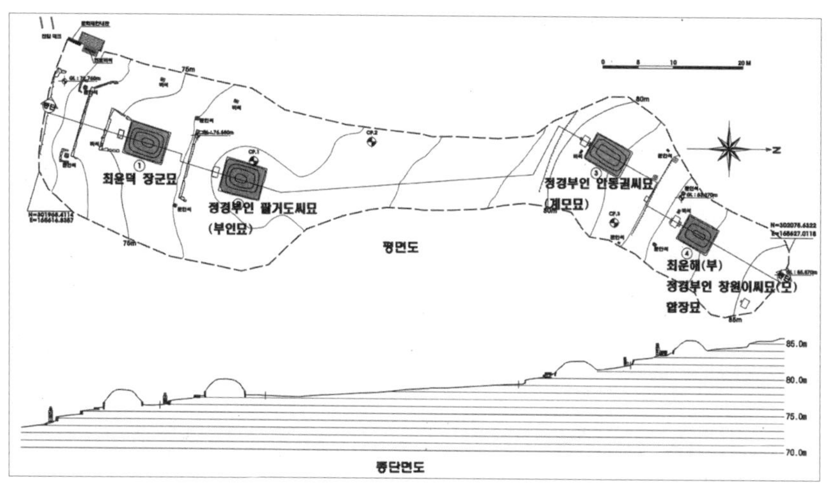

〈그림 6〉 정렬공 최윤덕 묘역 전체 배치도(박성천 2012 인용)

2) 최윤덕 장군 유허지(생가지)

최윤덕 장군 생가지로 추정되었던 곳은 바로 북면 내곡리 1096번지 일원의 '내곡리 최윤덕 장군 생가지'와 북면 무동리 296번지 일원의 '무동리 최윤덕 장군 생가지'다. 두 곳 중에서 북면 내곡리 1096번지 일원의 '최윤덕 장군 생가지'는 경상남도기념물(지정일자 1995. 5. 20)로 지정되었다. 이후 경상남도 문화재위원회(2013.07.13.)에서 내곡리 생가지가 최윤덕 장군과 관련된 지역은 맞지만 출생과 관련 근거가 명확하지 않아 '생가지'로 명칭을 유지하기에는 논란의 소지가 있다는 판단을 내렸고, 2015년 5월 '창원 최윤덕 유허지'로 최종 명칭이 변경되었다.

두 지역을 살펴보면 다음과 같다.(박성천 2012)

가. 내곡리 최윤덕 장군 유허지(경상남도기념물)

위치는 창원시 의창구 북면 내곡리 1096번지 일원으로 해발 75~100m의 능선부에 위치한다. 현재 감나무 과수원으로 이용되고 있으며, 농로 주변에 화강암 축대가 확인된다. 주변 지역을 포함하여 완만한 동남사면을 부분적으로 계단식으로 절토하여 감나무 과수원으로 이용되고 있다. 그리고 유허지 내 및 경계 외곽 구릉에는 민묘가 조성되어 있다.

확인되는 축대는 대규모 장방형의 일부 치석된 자연 화강암 등을 사용하여 '品'자형으로 쌓았으며 사이에는 작은 할석을 끼워 넣었다. 축대의 규모는 경계부가 되는 남쪽은 길이 약 29m, 높이 최대 2.8m이고 내부에 조성된 축대 역시 길이 약 12~17m, 높이 약 1~1.2m에 이른다.

한편 동쪽 구릉지의 서쪽 경계인 소곡부와 인접한 곳에 기존 지표조사에서 '정승샘'이라고 언급된 원형의 직경 166×170㎝ 우물 1기가 있다. 현재 우물 상면은 철판으로 덮여 있고, 부분적으로 시멘트 등으로 보수한 흔적이 있지만 水源 확보가 용이한 곳에 위치하고 있다.

유허지 주변의 지표면, 특히 동쪽 축대 주변에서 다량의 기와편과 자기편, 도기편이 수습되었다. 기와의 소성상태와 두께, 그리고 문양(종집선문과 사격자문) 등을 통해 볼 때 14~15세기 전반기로 볼 수 있다. 그리고 자기편은 청자편과 분청사기편과 백자편이 확인되는데 분청사기는 중원문과 귀얄분청이 확인되고 있다. 귀얄분청의 유행시기는 현재의 연구성과에 의하면 1450~1480년대이다. 따라서 이곳 전역에서 채집되는 유물로 보아 평탄지로 조성된 공간은 14~15세기 중후반을 중심으로 인간활동의 흔적이 확인된다.

나. 무동리 최윤덕 장군 추정 생가지

위치는 창원시 의창구 북면 무동리 296번지 일원이다. 서남쪽 외곽 능선부에는 현재는 철거되었지만 '오룡사'라는 사찰이 있었다. 아래쪽 곡간부에는 '정승샘'이 있었고 인접 주변 지역을 포함하여 최근까지 감나무 과수원으로 이용되었다.

그런데 무동리 최윤덕 생가지 범위 중 '정승샘'이 포함된 아랫부분 일부는 '창원 무동 도시개발사업지구' 내에 포함되었고 '정승샘'에 대해서는 수습발굴조사가 실시되었다. 조사결과 현대의 노끈이나 파이프가 매설되어 있어 이 시설은 근래에 축조되었음을 확인할 수 있었다.(동서문물연구원 2009)

따라서 무동리 추정 생가지의 정승샘을 포함한 아랫부분 일부에 대해 실시된 시굴 및 수습발굴조사 자료로 보아 최윤덕 장군 생가지와 관련된 유구의 존재가 확인되지 않은 것으로 보인다. 하지만 조사 범위가 무동리 추정 생가지 전역에 걸쳐 이루어진 것이 아니기 때문에 관련 유적이 존재하지 않는다고 속단할 수는 없다.

무동리 추정 생가지와 그 주변지역에서 채집된 유물은 도기, 백자편, 분청사기 편들이 수습되었다. 분청사기 문양으로 보아 분청사기의 유행 초기부터 귀얄분청까지 포함되어 있어 시기적으로 15세기 초반~중후반에 해당함을 알 수 있다.

비록 기존 지표조사나 문헌 등에서 최윤덕 장상과 관련된 '정승샘'은 최근에 이루어진 수습발굴조사 결과 최근세에 조성된 것으로 밝혀졌고 그 주변에서도 관련 유구의 존재 역시 확인되지 않았지만, 잔존하는 생가지와 그 인접 주변에서 수습되는 유물의 존재로 보아 무동리 일원에 사람들이 살았음을 알 수 있다.

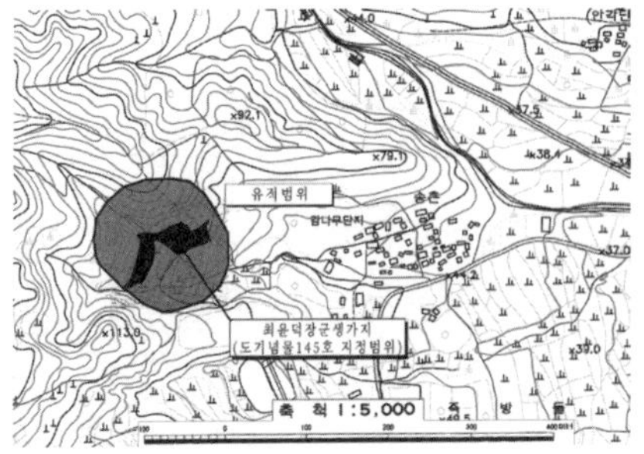

〈그림 7〉 내곡리 최윤덕 장군 유허지

〈그림 8〉 내곡리 최윤덕 장군 유허지 항공촬영

〈그림 9〉 내곡리 축대

〈그림 10〉 내곡리 정승샘

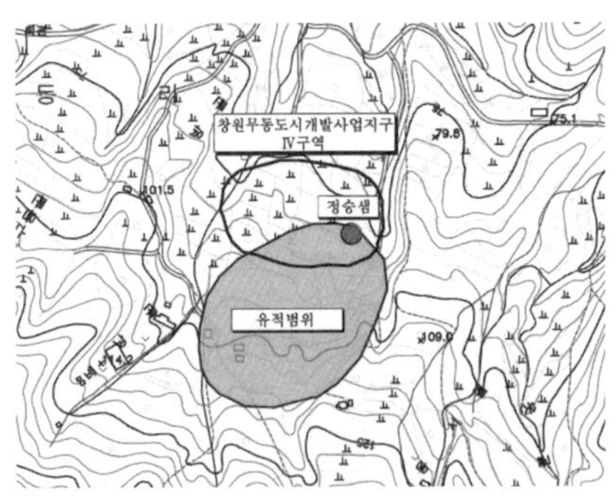

〈그림 11〉 무동리 최윤덕 장군 추정 생가지

〈그림 12〉 무동리 정승샘
(동서문물연구원 2009 인용)

〈그림 13〉 무동리 정승샘 발굴조사 모습(동서문물연구원 2009 인용)

다. 소결

문헌이나 관련자료 등으로 보아 내곡리와 무동리 두 곳 모두 최윤덕 장군의 삶과 관련된 중요한 유적이다. 두 곳은 약 3㎞의 지근거리에 위치하고 있으며 정승골, 정승샘이라는 지명 도 잔존하고 있다. 그리고 지표조사상에서 확인되는 유물의 양상으로 보아 2곳 모두 14~15세기에 사람들이 살았음을 알 수 있다.

가) 관련자료

지금까지 최윤덕 장군 생가지와 관련된 자료는 다음과 같다.

영조 때 간행된 『國朝名臣錄』과 정조 때 간행된 『海東名將傳』에는 본관인 통천, 또는 흡곡(통천군)사람으로 표기되어 있다.

1757~1765년에 간행된 『輿地圖書』에는 최윤덕 장군이 창원대호부의 북쪽 내곡인이라는 기록이 있다.

1832년 발간된 『昌原府邑誌』(민긍기 2005)에는 최운해는 창원도호부의 북쪽 내곡 사람으로 기록되어 있고, 최윤덕 장군에 대한 내용은 행적에 관한 것뿐이다.

한편, 통천최씨 문중 족보 을미보(1775년)에는 최운해의 생가를 창원부 북쪽 무릉산 아래 내곡으로 확인되며, 1922년 간행된 「文敬公潤德遺址」에도 내곡리로 표기되어 있다. 그리고 1922년 『襄莊公遺墟圖』, 즉 부 최운해의 유허도에는 「창원 북면 무릉리와 함께 무릉촌 이목평」으로 나와, 아래 김종하의 『昌原郡誌』에 있는 최윤덕 장군의 출생지인 「북면 내곡리 무등촌 이목평」과 동일하다.

1945년 간행된 『通川崔氏兩世實記』(김석홍 1994)에는 공은 경남 창원 북면 내곡리 무등촌 이목평에서 운해의 장남으로 태어났다라고 기록되어 있다. 김종하의 내용과 동일하다.

1962년 김종하의 『昌原郡誌』에 의하면 최윤덕 장군은 「본군 북면 내곡리 무등촌 이목평(지금 무동리입구에 윤덕의 출생한 古基가 있다)에 출생했다. 공이 만년에 호연정을 건축하였고 내곡리 부근으로 추측된다」고 하였다.

1994년 박동백·변지섭은 『축성대감 崔閏德將軍』에서 「최윤덕은 1376년에 창원군 북면 내곡리 무동마을 1096번지에서 출생하였다. 본가는 내곡리 송촌부락 200번지로 지금도 집터가 있는 곳을 정승골이라 하며 주춧돌과 분청사기편이 출토된다. 전하는 바에 의하면 외가인 무동리에 출생샜다는 말이 있고, 무동리에 살다가 정승이 되어 송촌부락으로 이사했다는 말이 있다」고 하였다.

2005년 창원대학교박물관은 『창원시 문화유적분포지도』에서 처음으로 최윤덕 장군 생가지로 지정되었던 내곡리와 생가터로 전해져오던 무동리 등 두 곳 모두 지도상에 표기 하였다. 특히 무동리의 정승샘도 처음으로 확인해 보고하였다. 2004년 조사 당시 장군이 어릴적 물을 마셨다는 정승샘과 가재를 잡고 놀았다던 개울, 그리고 대나무 숲이 남아 있다고 하였다.

그리고 무동리 정승샘에 대한 주민들의 전언에 의하면「장군이 어렸을 적 이 샘의 물을 마시고 자랐다고 하여 정승샘이라 부른다. 예부터 물이 좋기로 소문이 있었고 최근까지도 주민들이 일을 하다 갈증을 달래기 위해 이 샘을 이용했으며, 15년전(1990년대 초) 산사태로 인해 토사로 샘이 메워졌으나 밭의 주인이 메워진 토사를 굴착하여 예전의 모습을 되찾았다」고 한다.

(재)동서문물연구원은 2009년 창원 무동 도시개발사업지구에 대한 발굴조사에서 무동리 최윤덕 생가지 범위 중 '정승샘'이 포함된 일부구간에 대해 발굴조사를 실시하였다.

조사에 의하면 산발적으로 조선시대에 해당하는 자기편 등이 출토되기는 하였으나 유구의 존재는 확인되지 않았다. 그리고 정승샘은 조사 전 우물의 남동쪽 벽면 최하단부에 콘크리트 파이프가 매설되어 있음이 확인되었으며 북동쪽 벽면 중앙부에도 고무튜브가 매설되어 있었고, 벽석 최하단부에 현대에 사용된 나일론 소재의 노끈과 비닐이 확인되어 이 시설은 근래에 축조되었음을 확인할 수 있었다. 따라서 무동리 생가지의 정승샘을 포함한 아랫부분 일부에 대해 실시된 발굴조사에서 최윤덕 장군 생가지와 관련된 유구의 존재가 확인되지 않은 것으로 판단했다.

2012년 박성천·경남문화재연구원은『정렬공 최윤덕 묘 및 최윤덕 장군 생가지 지표조사 보고서』에서 문헌이나 관련자료 등으로 보아 내곡리와 무동리 2곳 모두 최윤덕 장군 생가지의 유력한 후보지라고 하였다. 이는 2곳 모두 약 3㎞의 지근거리에 위치하고 있으며 정승골, 정승샘이라는 지명 또한 잔존하고 있기 때문이다. 그리고 지표조사 상에서 확인되는 유물의 양상으로 보아 2곳 모두 14~15세기 중후반에 해당되어 이곳을 중심으로 인간활동이 있었음을 짐작해 볼 수 있다고 하였다. 또한 원지형이 제대로 남아 있는 내곡리라도 발굴조사를 통해 그 전모를 밝혀야 한다고 하였다.

2013년 (私)창원역사·문화바로세우기 위한 시민모임에서 앞서 살펴본 『昌原郡誌』와 『축성대감 崔閏德將軍』, 『창원시 문화유적분포지도』 등의 여러 자료를 참조하여 「최윤덕의 생가지는 북면의 무동이라 알려져 있고, 북면의 내곡리 송촌은 최윤덕의 유허지이다. 따라서 내곡리 1096번지 일대의 최윤덕 장군 생가지를 경상남도기념물 제 145호로 지정한 것은 잘못된 것으로 내곡리 최윤덕 장군 생가지로 지정된 부분은 재심의를 통하여 최윤덕 장군 유허지로 바꾸거나 폐지하여야 한다」는 주장을 하였다.

이후 경상남도 문화재위원회에서는 내곡리 최윤덕 장군 생가지를 최윤덕 장군 유허지로 명칭을 변경하여 지정 유지하는 것으로 결론이 났다.

2014년에 박동백은 『세종대왕의 제갈공명 최윤덕 장상』에서 「양장공 최운해가 경상우도병마절도사영에서 근무하면서 창원이씨와 결혼하여 북면 내곡리 송촌부락에서 최윤덕을 낳았다고 전해지고 있다. 천민인 양수척 집에서 자랐으니 생가는 있을 수 없고 어머니 묘소에 자주 다녀갔으니 북면 내곡리에 집을 새로 마련한 것으로 추리 할 수 있다. 그래서 이곳이 정승골로 알려져 있으며 일반적으로 최윤덕의 생가지라고 말하고 있다」고 하였다.

나) 자료 검토

『襄莊公遺墟圖』, 『通川崔氏兩世實記』, 김종하의 『昌原郡誌』에서는 북면 내곡리 무등촌 이목평, 즉 지금의 무동리에서 최윤덕 장군이 출생하였다고 하였고, 박동백의 『축성대감 崔閏德將軍』 역시 최윤덕은 1376년에 창원군 북면 내곡리 무동마을 1096번지에서 출생했다고 기록하고 있다. 이와 같은 기록, 정승샘의 존재, 지명, 지표조사 결과 등으로 보아 생가지로 추정될 수밖에 없다.

그렇지만 추가적으로 검토해야할 부분도 있다. 『通川崔氏兩世實記』, 『昌原郡誌』, 『축성대감 崔閏德將軍』, 『통천최씨 족보(을미보)』, 『양장공유허도』 등에 나타난 북면 내곡리 무등촌(무릉촌) 이목평, 내곡리 무동마을, 내곡리 송촌부락으로 보아 내곡리의 범위가 더 큰 지명으로 무등촌(무릉촌), 무등마을, 송촌부락이 포함되어 있었던 것으로 보인다.

그런데 내곡리와 무동리는 1469년 편찬된 『경상도속찬지리지』 처음 등장했고, 각각 다른 지역의 지명으로 현재까지 이르고 있다. 무동리는 무릉산 남쪽에 위치하는 마을의 의미이고, 내곡리는 무릉산 동쪽 골짜기에 형성된 마을이라는 의미이다.(민긍기 2000)

1469년 편찬된 『경상도속찬지리지』 에 처음 확인되었다면, 그 이전부터 내곡리와 무동리는 각각 다른 지명으로 불렸을 가능성도 있다. 그렇지만 최운해(1347년 생), 최윤덕(1376년 생)이 출생한 고려시대에는 내곡리에 무동리(무동촌, 무릉촌)가 포함되었을 수도 있다.

따라서 내곡리에 포함된 무등촌과 무동마을이 현재의 무동리를 뜻하는지, 아니면 무동리와 다른 무릉산 아래의 내곡리에 포함된 작은 마을을 뜻하는지에 대한 추가적인 연구가 필요하다.

내곡리의 경우는 대형 화강암으로 만든 축대가 보이고 있어 누구나 의미 있는 건물지가 있었음을 알 수 있다. 또한 무동리에 살다가 정승이 되어 이곳으로 이사했다거나 본가가 내곡이며, 만년에 호연정을 건축하였던 곳이 내곡 부근이라는 것, 정승이 되어 창원에 있는 친모 묘소를 자주 찾아와 거쳐한 곳, 그리고 내곡리 도태마을의 영모재(박태성 2020), 구복한 묘비(창원대학교 2005) 등 구복한과 관련 기록, 『通川崔氏世譜』卷之一』 의 「文敬公潤德遺址」 등으로 보아 태어난 곳, 즉 생가지와는 관련된 내용을 찾을 수 없다. 따라서 성장과정 또는 성인이 된 이후와 관련이 있는 곳일 가능성이 높다.

그리고 여건이 된다면 추후 발굴조사[2]를 통해 사실에 근접하는 증거가 나오길 기대함과 동시에 이를 바탕으로 추가적인 학술연구 진행된다면 보다 명확해질 것이다.

3) 제포왜관

제포왜관터는 2019년에 진해 웅동지구 진입도로 개설부지에 대한 발굴조사(두류문화재연구원 2019)에서 확인되었다. 왜를 감시하고 통제하는 제덕토성과 여러 건물지가 발굴조사되었으며, 부산포왜관, 염포왜관은 도시화 과정에서 훼손되었으나 제포왜관은 그 구조물이 확인된 유일한 사례로 대왜 관계사적 의미에서 매우 중요한 유적이다.

1419년 태종과 세종은 대마도 정벌을 계획하고 최윤덕을 삼군도절제사로 임명하였다. 도절제사 최윤덕은 제포(현 진해 웅천 제덕)으로 내려가 대마도 정벌 전에 왜관을 폐쇄하여 국내 왜인과 대마도와의 정보를 차단하였다.

〈그림 14〉 제포왜관 터 모습(두류문화연구원, 2019 인용)

2 발굴조사에 대한 내용은 Ⅲ장 활용과 과제에서 추가 언급하고자 한다.

〈그림 15〉 제포왜관 건물지 모습(두류문화연구원, 2019 인용)

세종실록에는 「최윤덕(崔閏德)이 내이포(乃而浦)에 이르러 군사를 엄하게 정비하고, 왜인으로 포에 온 자는 다 잡아다가 멀리 떨어진 곳에 분치하고, 각 관에서는 완악하고 흉한 자로서 어찌할 수 없는 평망고(平望古)와 같은 21인을 목 베니, 왜인이 감히 동하지 못하였다. 망고는 평도전(平道全)의 아들이다」 기록되어 있다. 또한 함께 대마도를 정벌한 유정현은 최윤덕의 작전이 기이하고 절묘하여, 일을 잘 처리하였다고 칭찬하였다고 한다.

4) 최상국정려각

최상국정려각은 삼동동 충혼탑 서편에 있는 세종묘에 배향된 정렬공 좌의정(사후에 영의정으로 추증) 최윤덕을 기리는 정려각이다. 원래 소답동 창원읍성 동문 근처에 있어 읍성 출입자는 이 앞을 통과해야하고 정려각 앞에 하마비(下馬碑)가 있어 말에서 내려서 통과하였다고 한다. 이 하마비는 1976년 창원 신도시 계획에 의해 창원향교 앞에 옮겨졌으나 현재는 찾을 수 없다. 정려각은 현재 위치로는 2002년에 이건되었다. 조선시대 목조기

와로 된 건축물의 형태이다. 정면 1칸, 측면 1칸의 맞배지붕으로 풍판을 달았다. 6판의 중건기가 있으므로 최소 6차례 이상 중건한 것을 알 수 있다.

〈표-4〉 최상국정려각 이건 현황

번호	위치	연대	비고
1	북면고개 남쪽 沙老谷	?	移建記, 重修記…領之南昌原府北 沙老谷
2	창원부읍성 동문밖	?	〃
3	方花村(통천최씨 집성촌)	1867년	〃
4	소답동 350번지	1924년	〃
5	소답동 418번지	1989년	창원시 개발로 이전 (축성대감 최윤덕)
6	충혼탑 일원	2002년	현 위치, 문중과 협의

〈그림 16〉 최상국정려각(1990년대)

〈그림 17〉 최상국정려각 하마비

5) 기타

창원 용지공원에 1996년에 건립된 최윤덕 장군 신도비가 있고, 창원광장 로터리 앞에 2010년에 세운 최윤덕 장상 동상이 있다.

〈그림 18〉 최윤덕 신도비(1996, 용지공원)

〈그림 19〉 최윤덕 장상 동상(2010, 창원로터리)

6) 일화 및 전설

최윤덕과 관련된 일화나 전설은 창원지역에서는 장군의 어린 시절 또는 부모님과 관련된 것이 일부 전해진다. 그리고 벼슬에 올라 세종과의 일화, 각 지역 백성과의 미담 등도 전해지고 있다. 특히 창원지역 내 이야기뿐만 아니라 세종, 그리고 함께 했던 인물과의 일화 발굴도 반드시 필요하다.

- 『단종실록』에는 황보인과 김종서가 『세종실록』을 편찬하였는데, 당시 사관이 기록한 최윤덕의 졸기(卒記:평가를 적은 기록)가 허황된 내용이 많다고 하여 상당 부분을 삭제하였다. 해당 기록에는 본래 최윤덕의 졸기에서 삭제된 내용이 함께 나와 있는데, 그 내용에 의하면 최윤덕은 어렸을 적 왜구를 소탕할 때부터 무용이 매우 뛰어났다고 한다. 아버지 최운해가 죄를 지어 유배되었을 때에는 최윤덕이 벼슬을 버리고 따라가서 모셨다고 하였으며, 아버지의 유배가 풀리자 스스로 학문이 모자란 것을 한스럽

게 여겨 김해로 돌아가 글을 읽었다. 또한 대마도 정벌시 도통사 유정현은 상왕인 태종에게 최윤덕의 계책이 기이하고 절묘하였다고 이야기하자 태종이 유정현에게 '경이 최윤덕의 진가를 너무 늦게 알아보았다' 고 언급했다는 사실도 기록되어 있다. 이밖에도 최윤덕의 무공과 인품을 평가하는 내용이 여럿 기록되어 있었다. 김종서와 황보인이 이 내용을 삭제하기로 하자, 사신은 최윤덕과 관련된 내용이 허황된 것이 아님을 강조하면서 김종서, 황보인이 사실을 왜곡하였다고 지적하였다.〈역사기록〉

- 정승이 되어 고향 창원에 왕래할 때 말 한필에 종자 한 사람만 데리고 오다가 문경에서 양반들이 놀이를 하고 있는 그 앞을 그냥 통과하니 무례한 놈이라고 종자를 잡아 매질하려다가 정승임을 안 사또들이 창원까지 찾아와 사죄하였다.〈청렴〉
- 최윤덕 장군이 고향 창원에 왔다가 상경할 때 낙동강 임해진나루에 도착하여 칼을 잊어버린 것을 깨달았다. 그곳에서 큰 소리로 종을 불러 칼이 책상 위에 있으니 속히 가져오라고하였다. 얼마 후에 종이 칼을 가지고 왔다고 한다.〈영웅성 강조〉
- 장군의 눈이 호랑이 눈(虎眼)으로 무섭게 보여 남을 대할 때 눈을 감고 이야기했다.〈인물의 인성〉
- 산속에서 소에게 꼴을 먹이다가 덤벼드는 호랑이를 화살 한 대로 쏘아 죽였다.〈영웅성 강조〉
- 평안도절제사 때 한 아낙네가 찾아와 "풍수지리를 보던 남편이 산중에서 호랑이에게 물려 죽었다"며 울고 있었는데, 장군이 즉시 산에 올라 호랑이의 발자국을 밟아 찾아내 쏴 죽이고 나서 그 배를 갈라 남편의 시신을 꺼내 매장해 주니, 아낙네는 슬픔과 고마움에 흐느껴 울었다.〈애민〉
- 어려서부터 힘이 세고 용맹이 뛰어났기에 13세 때 활을 쏘아 능히 큰 호랑이를 잡았다.〈영웅성〉.
- 장군은 매일 검은 소를 타고 일정한 시각에 맞춰 한양의 대궐로

등청했다. 가다가 향천역 마을에서 소에게 물을 먹였다고 해 그 곳을 향천리라 하게 됐으며, 귀로에는 회양군 안풍면의 초원에서 소를 놓아 풀을 먹였다하여 방목리라 부르게 됐으니, 그곳이 후일 안풍면 방목리가 됐다고 한다.〈인물의 행위〉

- 창원의 토호가 본부수령에게 부탁하여 최윤덕 장군 산소 언덕의 나무를 베어 팔았다가 그 일을 맡은 자와 수행한 사람이 함께 졸지에 죽었다.〈위엄성〉
- 최윤덕 장군 정려를 중수할 때에 황덕린이란 사람이 이 일을 맡은 아전이었는데, 남은 판자와 재목을 장사지내는 곳에 쓰도록 빌려 주었더니, 그가 곧 피를 토하고 죽었다.〈위엄성〉
- 최윤덕 장군 동생인 최윤복이 의주 판관으로 재직할 때 뇌물공여로 세종 5년(1423년) 포항 장기현으로 유배되었다.〈주변 가족〉
- 1429년 8월 8일에 세종은 "그때 저지하던 말을 듣지 않은 것을 후회한다"라고 말했다. 외국 사신 숙소인 태평관을 고쳐 지으려 할 때 최윤덕 장군이 "사정전과 경회루 공사가 이미 진행 중인데 태평관까지 시작하면, 백성들이 너무 힘들 것"이라고 반대했었다. 하지만 세종은 국가의 인증없이 살아가는 승려들에게 부역을 시키고, 도첩(圖帖: 인가증)을 발급해 준다면 태평관 공사도 이뤄지고, 백성들도 괴롭히지 않게 되어, 두 가지 일이 다 잘되지 않겠느냐며 강행했다. 하지만 결과적으로 그 공사는 한 치의 공들인 보람도 없이 많은 승려들이 죽고 다치는 것으로 끝났다.〈세종과의 일화〉

7) 지명

최윤덕 장군과 관련한 지명은 창원 북면 일원에서 일부 확인된다. 최윤덕 관련 지명 또한 확인 작업이 필요하다.

- 배낭골: 무동에 있는 최윤덕 장군 출생지라는 설이 있는 곳
- 정승골: 내곡에 있는 최윤덕 정승이 살던 터
- 정능골: 내곡에 있는 묵은 터 뒤 서쪽에 있는 골짜기로 옛날에 최윤덕 정승이 살았다고 함
- 정승샘: 무동과 내곡에 있는 최윤덕 정승이 사용했다는 우물
- 승상대(丞相臺) : 정능골 어귀에 있는 대

2. 창원 외 지역

최윤덕 장군과 관련된 유적은 창원시뿐만 아니라 전국에서 확인된다. 특히 그가 창원을 떠나 근무한 한양을 비롯하여 북한지역에 많은 유적이 있을 것으로 판단된다. 그리고 통천 최씨와 관련하여 전라도 일원에 서원, 사우 등이 확인된다. 최윤덕 장군은 교과서에 등장하는 대한민국 대표 인물로 전국에 산재하는 관련 유적 역시 학술적으로 조사하여야 할 것이다.

1) 崔潤德不祧廟

〈그림 20〉 최윤덕부조묘
(장수군 향토문화유산 6호, 장수군 홈페이지 인용)

부조묘는 불천위 제사의 대상이 되는 신주를 둔 사당으로 본래 4대가 넘는 조상의 신주는 사당에서 꺼내 묻어야 하지만 나라에 공훈이 있는 사람의 신위는 왕의 허락으로 옮기지 않아도 되는 불천지위(不遷之位)가 된다. 따라서 불천지위가 된 대상은 사당

에 계속 두면서 기제사를 지낼 수 있다.

최윤덕부조묘는 전라북도 장수군 산서면 오성리 방화마을에 자리하고 있다. 처음에 그의 고향인 경상도 창원에 건립하였다가 그의 후손인 최윤이 산서면 건지산에 유배오면서 선영을 돌볼 수 없게 되자 제사라도 지내기 위해 부조묘를 이건하고 경사재를 새웠다고 한다. 관련인물의 역사적 가치가 높으며 주변 마을에 있는 송현수부조묘와 함께 근대기 서로 다른 문중간의 경쟁적 건축활동을 잘 보여주고 있어 가치가 있다. 1927년 건립된 사당 및 사주문은 일반적인 문간채와 달리 화려하고 공포등 조각수법이 우수하여 건축적 가치가 높아 장수군 향토문화유산 6호로 2015년에 지정되었다.

2) 문경시 산북면 소야리 최윤덕 장군 성황당제

경상북도 문경시 산북면 소야리에서 매년 정월 초닷새에서 대보름 사이에 산신(호랑이), 천신(天神), 성황신(최윤덕 장군)에게 마을 주민의 평안과 풍농을 기원하는 마을 제사이다.

소야리동제의 역사는 분명치 않으나 마을의 개촌 시기와 성황신을 모시게 된 당신화를 통해 200~300년 된 것으로 추정할 수 있다. 또한 산신, 천신, 성황신의 삼당 체계가 처음부터 분명하게 순서대로 또는 동시에 이루어진 것이 아니라 자연신(산신, 천신)과 동신(성황신)의 범주에서 분화 발전한 것이며, 이것은 우리나라 대부분의 마을에서 나타나는 다당(多堂)의 동신체계와 같은 원리이다. 소야리동제는 산신제, 천신제, 성황제의 순으로 이루어진다. 산신제를 모시는 산제당의 형태는 소나무 군락이며, 신격은 산신이다. 천신제를 모시는 천제당의 형태는 고목과 돌무더기를 쌓은 제단으로 이루어져 있으며, 신격은 천신이다. 성황제를 모시는 성황당은 당집 형태로 되어 있으며, 신체는 방울을 매단 성황대이고, 신격은 인물신인 '최윤덕 장군'이다. 이곳 성황당에는 쇠말 다섯 마리와 방울이 함께 모셔져 있다. 성황신(최윤덕 장군)은 영험이 뛰어나 온 마을의 기복의 대상이 되고 있다.

〈그림 21〉 소야리 성황당제 모습(박성천 2012 인용)

昭野里城隍堂 配置圖 및 겨냥도 1996 9 4

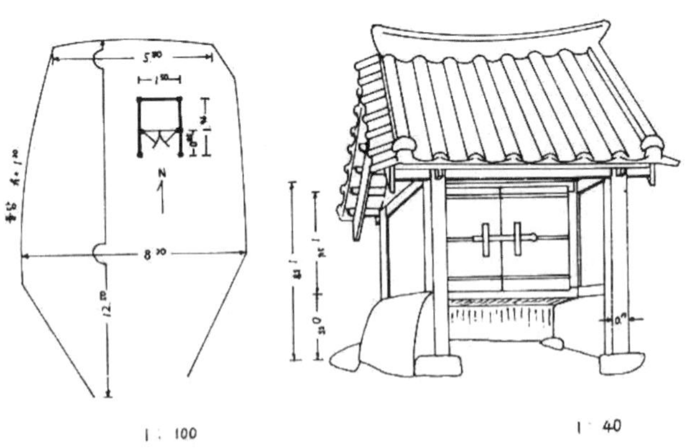

1 : 100 1 : 40

〈그림 22〉 성황당 도면(경북북부권문화정보센터 홈페이지 인용)

3) 종묘

조선에서 왕이 죽으면 묘정배향(廟庭配享)이라 하여, 왕이 살아있을 때 그를 가장 잘 보필한 신하를 선발, 종묘에 같이 모신다. 이를 배향공신(配享功臣)이라 한다. 세종대왕을 보필한 이들은 황희, 최윤덕, 허조, 신개, 양녕대군, 효령대군 등이다.

〈그림 23〉 종묘에 모셔신 세종의 배향공신 신위

4) 화양정

〈그림 24〉 진헌마정색도(보물) 내 화양정 모습
(문화재청 홈페이지 인용)

화양정은 서울 광진구 화양동 느티나무 공원에 위치하였던 사복시의 말 목장 안에 있던 정자로, 세종 14년(1432)에 세워져 군사훈련, 사냥, 계회(契會) 등에 이용되었다. 1911년 낙뢰(落雷)로 소실되었다.

유사눌이 쓴 『화양정기』에는 '화산의 동쪽이며 한수의

북쪽에 들이 있으니 땅이 펑퍼짐하고 넓어서 그 길이와 넓이가 10여 리나 된다. 뭇 산이 둘러싸고 내와 연못이 드리웠다. 태조께서 한양에 도읍을 정하신 후 바로 이곳을 목장으로 삼았다. 임자년에 세종께서 사복시 제조관 중추원사 최윤덕과 이조참판 정연 등에게 정자를 낙천정 북쪽 언덕에 짓도록 하셨다.' 라는 기록에서 보듯이 화양정은 조선 태조가 말 목장으로 만든 넓은 들판의 살곶이벌에 세종이 명하여 최윤덕이 세운 정자이다. 현재 화양동 느티나무공원에는 700년 된 느티나무가 있어 세종과 최윤덕도 이 나무를 보았을 것이다. 또한 진헌마정색도(進獻馬正色圖)에는 화양정의 모습이 잘 남아 있다.

〈그림 26〉 화양정터 안내문

〈그림 25〉 화양정터 내 700년 된 느티나무

5) 낙천정지

서울특별시 광진구에 있는 조선전기 제3대 태종을 위해 건립된 정자터이다. 한강이 마주 보이고 주변의 경치가 좋아 태종 임금은 말년에 임금자리를 세종에게 넘겨주고 낙천정에 정자와 별궁을 짓게 하여 세종 1년(1419) 완공한 후 자주 낙천정을 왕래하였다. 특히 낙천정에서는 세종과 태종이 함께 왜구에 대비한 정책을 구상한 것으로 유명하다. 즉, 왜구의 침범에 대비하기 위하여 삼판선을 꾸미는 계획, 대마도 정벌군을 파병하였고, 이기고 돌아온 정벌군의 환영식을 베푼 곳이다. 그리고 낙천정에서 세종이 최윤덕과 함께 연회를 베푼 기사가 세종실록에 여러 번 등장한다. 이 밖에 대마도를 정복하기 위하여 떠날 때, 세종이 전송하며 안장, 말, 활, 화살, 옷, 갓, 신 등을 주었던 한강정(漢江亭)도 최윤덕과 관련이 있다.

〈그림 27〉 복원된 낙천정

6) 기타

최윤덕 장군을 추모하는 사당, 서원 등을 살펴보면 장군이 주로 활동한 북한지역에 많이 있었는데 확인하기 어렵다. 또한 후손의 유배와 관련하여 전라도 지역에서도 확인된다. 추후 남북간 학술교류 등을 통해 추가적인 조사가 반드시 필요하다.

〈표-5〉 타지역 최윤덕 장군 관련 유적

구분	위치	건립	비고
상열사	강원도 통천	숙종	북한
비봉서원	황해도 연안	선조 숙종사액	북한
청천사	평안도 안주	현종 숙종사액	북한
품계사	강원도 통천	-	북한
관곡서원	전북 임실	-	남한
불천사	전북 장수	-	남한
대산사	전남 해남	-	남한

Ⅲ. 최윤덕 장군 유적의 활용과 과제

1. 역사인물 유적의 활용

역사인물은 중앙, 지역을 통틀어 역사적 사건과 기록에 남은 특별한 인물로서 시대를 막론하고 사람들에게 기억되고 추모되는 대상이다. '역사인물 자원'은 역사인물이 남긴 과거의 유·무형 흔적이 사람들에게 가치 있게 쓰일 수 있는 형태를 말하는 것으로 역사인물 자원은 역사인물이 남긴 모든 흔적들을 의미 있고 가치 있게 활용할 수 있을 때 비로소 그 역할을 다할 수가 있다.(최명진 2019)

예전에는 역사인물을 기념하는 의례와 건축물 건립 등이 주로 이루어졌지만, 현대에는 역사인물 자체가 자원으로 인식되어 다양한 분야로 확대하여 각 지자체에서 활용하고 있다. 역사인물을 활용한 지역 대표브랜드화

사업과 각종 관광 사업 등은 지역 정체성 형성 또는 지역이미지 제고 큰 성공 요인으로 작용하고 있다.(김현호 2010)

문화재청의 『역사인물 유적 보존관리 매뉴얼』에 의하면 문화재 활용에 있어 현재적 관점에서 가치와 기능을 고려해서 역사유적을 다루어야 하며, 지속적인 관리를 위한 시민과의 협력, 분야별 인물유적을 활용한 생가 스테이, 인물 기념관, 인물 체험관, 스탬프 투어, 인물의 일대기 따라가기 등 구체적인 방안이 제시되어 있다. 여기서 중요한 것은 현재적 관점에서 가치와 기능을 고려해서 역사인물 유적을 다루어져야 한다는 것과 시민의 협력이다.

대표적인 사례로는 김삿갓 유적과 그의 시문학으로 탄광도시에서 문화도시로 탈바꿈한 영월, 홍길동 생가지와 홍길동의 이야기로 캐릭터, 애니메이션 등 문화 부가산업에 성공한 장성, 정약용 유적지와 목민심서로 문화 융복합 도시로 태어나고 있는 남양주 등을 들 수 있다.(최명진 2019)

앞서 언급한 김삿갓을 대표로 하는 강원도 영월군의 사례를 살펴보자. 김삿갓은 조선 후기 대표 방랑시인으로 영월에 묘지와 생가지가 있다. 영월에서는 1997년 시작된 강원의 얼 선양사업의 일환으로 김삿갓 생가 복원, 난고 김삿갓 문학관 개관, 김삿갓 문화제 개최, 김삿갓면으로의 행정구역 개칭 등 지역 전체를 김삿갓으로 상징화하였다.(최명진 2019)

〈표-6〉 영월 김삿갓 문화콘텐츠 현황(최명진 2019 표 인용)

인물 가치	현대적 해석	유무형 자원	콘텐츠분야	세부내용
방랑 풍자 고독	힐링 여행 사색 해학	묘 생가지 김삿갓 시 기록	학술	김삿갓 심포지엄
			전시 (문학관)	난고 김삿갓 문학관
			교육	나그네 밥상체험, 시화족자 만들기, 책자
			영상	다큐, 드라마, 가요,
			축제, 문화행사	김삿갓 문화제(제향, 한시대회, 랩경연대회, 웹툰작가 강연, 해학쇼 등)
			조형물	김삿갓 상징 조형물, 동상, 시비, 산업조형물(붓, 삿갓)
			애니메이션	웹툰 김삿갓
			테마파크, 테마길	김삿갓 문학공원, 유적지, 계곡(야영지), 표지석, 돌탑, 테마길
			제향	김삿갓 추모제
			디자인	캐릭터, 벽화, 캘리그라피
			산업	김삿갓 인형, 삿갓 기념품

영월군은 김삿갓과 관련된 여러 콘텐츠를 개발, 운영하고 있다. 2003년 개관한 난고 김삿갓 문학관은 김삿갓 관련 자료나 유물, 문학작품 전시와 더불어 관련 영화, 출판물, 음악 등 현대에 개발된 다양한 김삿갓 문화콘텐츠도 종합적으로 전시하고 있어 눈길을 끈다. 매년 김삿갓과 관련된 작품세계를 조명하고 관련 한시를 연구하는 심포지엄이 개최되어 콘텐츠의 원천으로서 문학작품 연구를 병행하고 있다. 묘와 생가지 일대는 김삿갓으로 문화 디자인된 시각적 조형물, 캐릭터가 채우고 있다. 유적이 속한 곳의 모든 지명, 계곡, 길 이름까지 모두 김삿갓의 이름이 붙여져 있고 주변은 김삿갓 테마파크화 되었다. 특히 2018년에 포털사이트에 김삿갓 웹툰이 연재되어 1년만에 140만 조회가 기록될 정도로 인기를 얻었다.

영월군의 김삿갓 활요사업에 있어 가장 중요한 것은 김삿갓의 현대적 가치이다. 김병연이 김삿갓으로 살아갈 수밖에 없었던 극적 사건이 서사화 되고, 이에 대한 인물의 현실대응 방식이었던 방랑과 풍자, 고뇌가 콘텐츠화된 것이다. 이러한 인물의 가치는 사색, 느림, 여행과 연계되어 최근 이슈가 되는 '힐링'과도 부합되는 지역의 새로운 현재적 가치로 자리매김하였다. 그 결과 영월은 새로운 힐링 관광지로 주목받게 되었다.

영월군의 사례는 인물의 유명세와 외형적 유산에 초점이 맞춰진 보여주기식, 일회성 이벤트와는 분명 차별화된 점이다. 다시 말해 역사인물의 가치를 지역 이미지와 연계시켜 새로운 정체성을 형성한 것이다. 역사인물 문화콘텐츠의 경쟁력을 증명한 사례로 매우 중요한 사례이다.(최명진 2019)

2. 최윤덕 장군 유적의 활용 현황

〈표-7〉은 창원시의 최윤덕 문화콘텐츠 현황이다. 앞서 살펴본 영월의 김삿갓 문화콘텐츠와 비교해보아도 여러 방면에서 활용되고 있다.

우선 학술, 연구 부분은 1992년에 처음 최윤덕 장군과 관련된 학술대회를 열었으나 1997년, 2008년 등 단발성에 그치고 있는 것도 사실이다. 전시관과 생가지 복원 사업은 계획에만 그치고 진행되지 않고 있다. 최윤덕 향기 창원아로마 아트 에디션캐릭터는 좋은 기획이나 널리 홍보되지 않았고, 다른 상품 기획은 아직 진행되지 않고 있다. 뮤지컬과 오페라 등의 공연 기획은 참신하지만 역시 단발성에 그치고 있어 아쉬움이 남는다. 교육에 대한 활용 역시 체계적이지 않고 프로그램의 다양성도 없다.

오히려 정부에서 주관한 하여 최윤덕 장군의 조폐공사 한국의 인물 최윤덕 메달 출시나 이달의 인물 등이 장군의 품격을 높여주는 듯하다. 최근 네이버 웹툰 세종이 만든 특수부대 '체탐자'가 연재되기 시작했다는 점에서 비록 최윤덕 장군이 주인공은 아니지만 기대가 된다.

〈표-7〉 창원시의 최윤덕 문화콘텐츠 현황(0:활용, △:미흡, ×:없음)

유형	세부유형	현황	활용내용
학술, 연구	학술대회, 세미나, 조사 등	0	1992.12. 정승 최윤덕 장군의 역사적 조명 1997.3. 최윤덕 장군의 생애와 전술 2008.10. 세종대왕과 최윤덕장상 2012. 최윤덕 장군 묘와 생가지 지표조사
축제	인물 축제, 문화제, 예술제, 스포츠	0	2011. ~ 최윤덕장상배 궁도대회
전시	문학관, 기념관, 전시관	x	2006.9. 최윤덕 장상 기념관 건립 타당성 조사 및 기본 계획 수립 용역 실시 2011.2. 최윤덕 장상 생가 복원 추진
공연, 영상	연극, 뮤지컬, 판소리, 오페라, 영상, 영화, 드라마 등	0	2008.1. 대왕세종 드라마 2009.1. 다큐멘터리 최윤덕장상을 만나다 2011.9. kbs역사스페셜 최윤덕 조선의 국경을 세우다 2011.12. 뮤지컬 영웅의 부활 축성대감 최윤덕 2018. 창작오페라 정렬공 최윤덕
교육	시민강좌, 답사, 학생교육, 모범사례공유	△	1997.4. 해남문화원 정렬공 최윤덕 장상의 사상과 전술 2017.9. 용지동 최윤덕장상과 함께 하는 청렴day 운영 2008.11. 최윤덕 장군 정벌 대마도 답사
공공 디자인	로고, 광고판, 홍보물, 가로등, 문화거리	△	2019.3.마금산온천 벽화
기념	기념공간, 기념행사, 제향, 추모제	0	1997.3. 이달의 문화인물 2005.6. ~ 대마도의 날 기념식 2005. 정렬공 추모 전국 한시 백일장 개최 2008.4. 호국 인물 지정. 기념식 거행 2023.7. 정렬공 최윤덕 장상 탄신 647주년 추모제향 거행
출판	책자, 교재, 기념책자, 전기, 만화	0	1994.10. 축성대감최윤덕 장군 2008.9. 만화로 보는 최윤덕 장상 2011. 세종의 제갈공명 최윤덕 장상 2023.9. 네이버 웹툰 세종이 만든 특수부대 '체탐자'

유형	세부유형	현황	활용내용
상품	목걸이, 인형, 엽서, 모자, 열쇠, 고리, 컵	△	2012.2. 조폐공사 한국의 인물 최윤덕 메달 출시 2018.7. 최윤덕 향기 창원아로마 아트 에디션
상표	지역브랜드, 상표	x	
산업	게임, 모바일 에니메이션,	x	
테마파크	생태공원, 길, 테마공원	x	
캐릭터, 영정, 동상	인물 캐릭터, 표준영정, 동상	△	2010.11. 동상건립
식품	의, 식, 주	△	2018.6. 청렴인물 최윤덕 장상 밥상체험
기타	음악, 시, 건물 등	△	1996. 최윤덕 장군 신도비 건립 2022.3. 최윤덕도서관건립

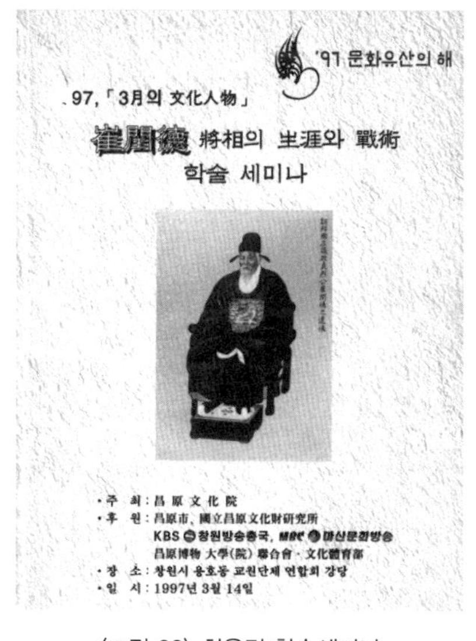

〈그림 28〉 최윤덕 학술세미나

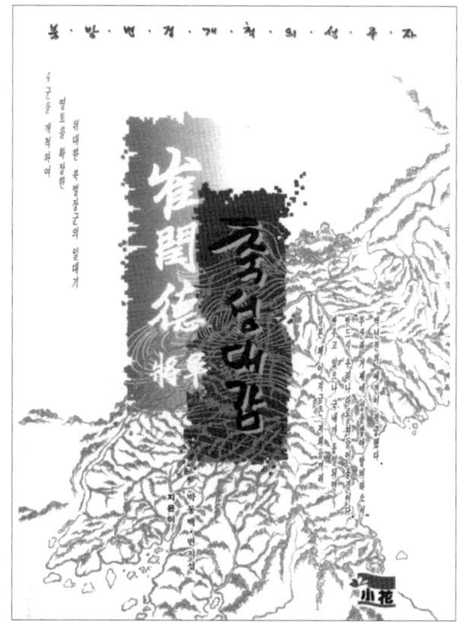

〈그림 29〉 축성대감 최윤덕 책자

〈그림 30〉한국조폐공사 한국의 인물 최윤덕메달(한국조폐공사 보도자료 인용)

〈그림 31〉 최윤덕 장상 추모제향(유교신문, 2023.07.10. 인용)

〈그림 32〉 창작 오페라
(창원시 홈페이지 인용)

3. 최윤덕 장군 유적의 활용과 과제

최윤덕 장군은 조선 세종대의 대마도 정벌과 현재의 한반도 영역을 확정한 4군 정벌을 이루어 내었으며, 조선 역사상 무관으로서 유일하게 우의정, 좌의정의 정승반열에 올라 그 역사적인 행적이 명확한 창원 출신의 대표 인물이다. 또한 그와 관련된 생가터(유허지), 묘, 우물, 전설, 지명 등이 기록과 함께 정확하게 남아 있다.

그리고 강직함과 따뜻한 인품, 문무겸비, 영토 확장, 대마도 정벌 등 인물의 명확한 특성을 현재적 가치, 즉 인성, 일본, 중국과의 관계, 자주국방, 창원의 군수산업, 독도 등과 창원의 이미지와 결합한 현재적 가치로 충분히 연결된다.

그러나 창원시의 최윤덕 장군에 대한 활용은 십수 년 동안 제자리걸음을 하고 있다고 해도 과언이 아니다. 생가터의 경우 우선 창원의 대표인물인 최윤덕 장군에 대한 체계적인 연구가 미흡할 뿐만 아니라 활용방안 역시 종합적이고 체계적이지 않은 상황에서 사업을 추진했기 때문이다. 무엇보다 문화재청의『역사인물 유적 보존관리 매뉴얼』에서 말하는 현재적 관점에서 가치와 기능을 고려해서 역사인물 유적을 다루어져야 한다는 것과 시민들과의 협력과 소통을 간과했다는 점이다.

가. 체계적인 조사와 연구 그리고 꾸준한 학술대회

앞서 창원시의 최윤덕 장군 문화콘텐츠의 활용현황을 살펴본 바에 의하면, 가장 기본이라고 할 수 있는 학술, 연구가 단발성에 그치고 있다는 점이다. 최윤덕 장군과 관련된 유적에 대한 심층적인 조사는 2011년 최윤덕 장군묘와 생가터에 대한 문화재 지표조사(박성천 2012)만 진행되었다고 해도 과언이 아니다. 그것도 생가터 논란이 발생하고 난 뒤 진행되었다.

2010년 최윤덕 장군 동상이 건립되고 생가터 복원 계획이 나올 때부터 위치 논란이 있었고, 2013년 시민단체의 의의제기로 경상남도 문화재위원회에서는 내곡리가 최윤덕 장군과 관련된 지역은 맞지만 출생과 관련 근거가 명확하지 않아 '생가지'로 명칭을 유지하기에는 논란의 소지가 있다고 판단하였다. 결국 경상남도기념물인 의창구 북면 내곡리 '최윤덕 장군 생가지'는 2015년 5월 '창원 최윤덕 유허지'로 명칭이 변경되었다.

내곡리와 무동리 두 곳 모두 최윤덕 장군의 삶과 관련된 중요한 문화유적이다. 생가터는 유명한 사람이 태어난 집이 있던 자리로 그 나름의 중요한 의미를 가지는 유적이지만, 일정기간동안 주생활이 이루어지고, 삶의 흔적이 있는 터, 즉 유허지도 소중하다.

새로운 자료를 통해 사실 관계를 따져 명확하게 하는 것은 당연하지만, 이러한 논란으로 인해 최윤덕 장군 사업이 좌초되는 일은 없어야 한다. 생가지나 유허지 모두 중요한 유적이며, 최윤덕과 관련된 유적이 하나 더 있다는 점에서 이야깃거리, 활용할 문화콘텐츠가 추가되었다는 것이다.

그런 의미에서 발굴조사 결과 현대에 축조되었을 가능성이 있다는 것으로 무동리의 정승샘이 사라진 점은 매우 안타깝다. 무동리 정승샘은 현대의 우물과는 전혀 다른 특이한 형태이고, 『창원시 문화유적분포지도』의 내용처럼 1990년대 초에 산사태로 인해 새롭게 굴착하여 사용하였다는 것으로 보아 당시 또는 그 이전에도 여러 번 수리·보수과정을 거쳤을 것이며, 우물을 활용하기 위해 수도 파이프나 현대의 노끈이 사용되었거나 들어갔을 가능성도 높다.

또한 비록 발굴조사 결과와 같이 현대에 축조되어 최윤덕 장군과 관련이 없다고 하더라도 주민들에게 오랫동안 전해 내려오는 최윤덕 장군이 마셨다는 정승샘의 전설과 기억을 빼앗아 버려서는 안되는 일이었다. 이것은 바로 그동안 최윤덕 장군에 대한 체계적인 조사와 연구가 이루어지지 않았기 때문이며, 우리 모두의 인식부족에서 나타난 결과이다. 중요한 최윤덕 장군 관련 유적과 콘텐츠가 없어진 것이 매우 안타까우며 추후 반드시 복원되었으면 한다.

그리고 발굴조사를 통해 최윤덕 장군의 생가지 논란을 해결하자는 의견도 있지만, 이미 무동리는 원지형이 많이 훼손되었고, 축대 등이 잘 남아 있는 내곡리 역시 발굴조사에서 뚜렷한 흔적이 나오지 않을 수도 있다. 물론 관련 유구가 나온다면 좋겠지만, 역사기록 등에서 확인되고, 전설, 지명도 명확하기 때문에 고고학적인 조사에서 확인되지 않는다고 해서 그것이 사라지는 것은 아니다. 하물며 고전속의 흥부생가터, 흥부묘도 있고, 박경리의 소설 토지의 최참판댁도 복원하여 활용하고 있다는 점에서 더욱 연구하여 접목시키고 시민과 소통해야 한다.

지금 내곡리의 경우 대형 화강암으로 만든 축대가 보이고 있어 기본적으로 건물지가 있었음을 누구나 알 수 있다. 그리고 무동리 역시 정승샘이나 기록, 지명 등으로 보아 생가지로 추정된다. 이 두 지역 모두 발굴조사하여 다행히 건물의 주초석 등이 나와서 그 전모가 밝혀진다 하더라도 최윤덕과 관련 있는 명문, 즉 '최윤덕 생가'라는 명문이 나오지 않는 이상 확신할 수 없다. 즉 발굴조사가 모든 것을 해결해 주기는 어렵다. 발굴조사 결과는 하나의 사실에 근접할 수 있는 증거이며, 이것을 바탕으로 연구가 진행되고 합의와 공감이 이루어져야 한다. 따라서 자료의 확보 차원에서라도 여건이 되는 지역에 대해 반드시 발굴조사가 이루어져야 한다.

그리고 최윤덕 관련 유적에 대한 조사는 창원지역뿐만 아니라 우리나라 전체로 확장하여 장군과 관련 있는 유적을 찾아야 한다. 또한 관련 유적과 함께 역사기록, 일화, 전설, 지명 등으로 확장하여 조사해야 한다. 즉 최윤덕 장군이 근무한 서울, 북한지역으로 공간적 범위를 확대하고 세종, 그리고 관련된 위인들과의 일화 등도 함께 발굴되어야 최윤덕 장군의 삶을 바로 볼 수 있다. 이러한 연구 결과는 꾸준한 학술대회를 통해 시민뿐만 아니라 학계에 널리 알려야 할 것이다.

이러한 연구활동을 통해 얻어진 결과를 바탕으로 최윤덕 장군에 대한 시민 공감이 이루어진다면, 보다 체계적인 관리를 위한 센터 또는 기념관 건립으로 자연스럽게 연결될 것이다.

나. 체계적인 연구와 관리·활용을 위한 중심 센터 필요

앞서 살펴본 영월군의 경우 김삿갓 문학관을 중심으로 전시 및 연구, 학술대회 등을 주관한다. 특히 매년 연구 성과는 학술대회를 통해 시민들에게 공개되고 여기서 얻은 최신 연구결과를 문화콘텐츠로 승화하는 중심 센터 역할을 하고 있다.

창원은 최윤덕 장군을 기념하는 기념관이나 박물관이 없고, 업무를 총괄하는 센터도 없다. 문화콘텐츠의 개발과 활용이 일회성 행사로 전락하지 않도록 하기 위해서라도 중점적으로 관리하는 '최윤덕 장군 센터'가 필요하다. 또한 최윤덕 장군 유적 관리와 활용계획도 연구가 될 것이다.

이곳에서는 연구, 조사, 학술대회에서 얻은 최신 연구결과물을 문화콘텐츠화하고, 교육 자료에 반영과 동시에 유적의 알림판, 테마길, 오페라, 뮤지컬, 애니메이션, 웹툰, 상품기획 등으로 확대 재생산할 수 있도록 한다.

최윤덕 센터나 기념관 등이 장기적으로 건립되었으면 바람이 있지만 최근 북면에 최윤덕도서관이 개관하였다. 이곳에 작은 공간에 최윤덕 장군을 알릴 수 있는 전시실이라도 마련하였으면 하고, 장군의 자료를 수집 관리할 수 있었으면 한다.

Ⅳ. 맺음말

최윤덕 장군은 조선 세종대의 대마도 정벌과 현재의 한반도 영역을 확정한 4군 정벌을 이루어 내었으며, 조선 역사상 무관으로서 유일하게 우의정, 좌의정의 정승반열에 올라 그 역사적인 행적이 명확한 창원 출신의 대표 인물이다. 또한 그와 관련된 생가터(유허지), 묘, 우물, 전설, 지명 등이 기록과 함께 정확하게 남아 있다.

그리고 강직함과 따뜻한 인품, 문무겸비, 영토 확장, 대마도 정벌 등 인물의 명확한 특성을 현재적 가치, 즉 인성, 일본, 중국과의 관계, 자주국방, 창원의 군수산업, 독도 등과 창원의 이미지와 결합한 현재적 가치로도 충분히 연결된다.

창원시의 최윤덕 장군과 관련한 문화콘텐츠는 다종다양하게 활용되고 있다. 그렇지만 단발성, 근시안적 행사에 치중하였다고 해도 과언이 아니다. 최윤덕 장군을 보다 깊이, 체계적으로 연구하여 중단기적인 종합계획 속에서 우리지역 대표인물 최윤덕 장군을 지역에 투영해야 할 것이다.

[참고문헌]

김종하, 『昌原郡誌』, 1962.

강경숙, 「粉靑沙器의 硏究」, 이화여자대학교 박사학위논문, 1984.

김석홍, 『通川崔氏 兩世實記 襄獒公崔雲海·貞烈公崔潤德』, 1994.

박동백·변지섭, 『축성대감 崔閏德將軍』, 1994.

이경순,「조선전기 능묘석인상 연구」, 동국대학교 석사학위논문, 1995.

민긍기, 『昌原大都護府圈域 地名硏究』, 경인문화사, 2000.

민긍기, 『譯註昌原府邑誌』, 창원문화원, 2005.

동아대학교박물관, 『密陽古法里壁畫墓』, 2002.

창원대학교박물관, 『창원시 문화유적분포지도』, 2005.

임영근, 「원주지역 묘의 문인석 연구」, 강원대학교 석사학위논문, 2006.

김우림, 「서울·경지지역의 조선시대 사대부 묘제연구」, 고려대학교대학원 박사학위논문, 2007.

이은주, 「사대부 묘 문인석 복식의 양식변화 요인에 관한 고찰」, 『경기묘제 석조미술의 연구 현황과 과제』, 경기도박물관, 2009.

(재)동서문물연구원, 『창원 무동 도시개발사업지구내 유적 문화재 발굴(시굴)조사 약보고서』, 2009.

김현호, 「문화정책의 지역 간 갈등실태 및 완화방안; 역사문화 인물자원 개발을 중심으로」,『문화정책논총』, 한국문화관광연구원, 2010.

박성천, 『貞烈公 崔潤德 墓 및 崔潤德 將軍 生家址 地表調査 報告書』, 경남문화재연구원, 2012.

박동백, 『세종대왕의 제갈공명 최윤덕 장상』, 2014.

문화재청, 『인물유적 보존관리 매뉴얼』, 2015.

재)두류문화연구원, 『진해 웅동지구 진입도로 개설구간 내 유적 발굴조사 약보고서』, 2019.

최명진, 『지역 역사인물 자원의 기록·보존·활용 연구 -공주를 중심으로-』, 공주대학교 사학과 박사학위논문, 2019.

박태성, 『창원의 누정』, 2020,

부록

『조선왕조실록』 속의 최윤덕 장군

최윤덕 장군 유적 현황

『조선왕조실록』 속의 최윤덕 장군[1]

○ 태종 2년(1402) 4월 10일 임술(태종실록 3권): 마암에 행차하여 윤하 등 27명에게 무과 복시를 시행하다

마암(馬巖)에 행차하여 무과(武科)에 윤하(尹夏) 등 27명에게 복시(覆試)를 시행하여, 성달생(成達生)으로 제1등을 삼았다. 의정부에서 잔치를 베풀었다. 전 감무(監務) 장온(張蘊)이 제4등으로 뽑히니, 이때의 사람들이 장온이 이미 문과(文科)에 급제하고도 무과(武科)에 든 것을 비방하였다. 삼관(三館)에서 상소하여 말하기를,

"신 등이 국가에서 문무(文武) 양과(兩科)의 제도를 설치한 것을 보건대, 벼슬하는 사람들이 출신(出身)하는 곳으로 여기기 때문에 이미 문과(文科)에 든 사람은 문학(文學)에 종사하되 겸하여 무예(武藝)에 통해도 가하지만, 다시 무과(武科)에 응시할 필요는 없습니다. 지금 문과 출신자로서 '국가에서 무과에 합격하면 수를 더해서 이를 준다.'는 영(令)을 듣고, 무과에 응시하려고 하여 염치(廉恥)의 도(道)를 잃습니다. 원컨대, 이미 문과에 합격한 자는 다시 무과에 응시할 수 없게 하여 사풍(士風)을 바루게 하소서."

하였으나 윤허하지 않았다. 최윤덕(崔閏德)은 이미 회시(會試)에 합격하였으나, 그 아버지 최운해(崔雲海)를 따라가 이성(泥城)을 수비하라고 명하였던 까닭에, 전시(殿試)에 응하지 못하였으므로 그를 방(牓)의 끝에 넣게 하였다.

---

1 『조선왕조실록』에 보이는 최윤덕 장군 관련기사를 장군의 업적이나 정책 등을 중심으로 발췌하였고, 국문은 국사편찬위원회『조선왕조실록』을 활용했다.

○ 태종 4년(1404) 7월 9일 무신(태종실록 8권): 참판승추부사 최운해의 졸기

전 참판승추부사(參判承樞府事) 최운해(崔雲海)가 졸(卒)하였다. 최운해는 통주(通州) 사람이니, 호군(護軍) 최녹(崔祿)의 아들이다. 결발(結髮)하면서부터 종군(從軍)하여 용맹과 지략이 여러 사람보다 뛰어났었다. 그가 순흥 부사(順興府使)가 되었을 때 왜구(倭寇)가 한창 치열하니, 최운해가 자기의 즐거움을 물리치고 적은 물건까지도 남에게 나누어 주어 능히 사력(死力)을 다하게 하고, 먼저 적진(敵陣)에 올라 함몰(陷沒)시켰다. 여러 번 크게 승리함에 이르니, 이로 말미암아 이름이 알려졌다. 충주(忠州)·전주(全州)·광주(廣州)의 목사(牧使)가 되고, 계림 부윤(鷄林府尹)이 되어, 마음을 다하여 백성을 어루만지고 사랑하니, 이르는 데마다 인애(仁愛)의 덕(德)을 남김이 있었다. 경상도·충청도·전라도의 절제사(節制使)가 되고, 이성(泥城)·강계(江界)의 안무사(安撫使)가 되고, 서북면(西北面)의 순문사(巡問使)가 되어, 위엄과 은혜가 아울러 나타나고 전공(戰功)이 최(最)에 있으니, 명장(名將)이라고들 불렀다. 일찍이 태상왕(太上王)을 따라 위화도(威化島)에서 돌아왔으므로, 원종 공신(原從功臣)을 하사하였다. 이때에 이르러 병으로 졸(卒)하니, 나이가 58세였다. 철조(輟朝)하기를 3일 동안 하고, 예(禮)로 부의(賻儀)하였다. 아들이 넷이니, 최윤덕(崔閏德)·최윤복(崔閏福)·최윤온(崔閏溫)·최윤례(崔閏禮)이다.

○ 세종 1년(1419) 5월 20일 갑자(세종실록 4권): 유정현을 삼도 도통사로, 최윤덕을 삼군 도절제사 등으로 삼다

상왕이 영의정 유정현을 삼도 도통사로, 참찬 최윤덕을 삼군 도절제사로, 사인(舍人) 오선경과 군자 정(軍資正) 곽존중을 도통사

종사관(都統使從事官)으로, 사직(司直) 정간(丁艮)과 김윤수(金允壽)를 도절제사 진무(都節制使鎭撫)로 삼았다.

○ 세종 1년(1419) 6월 1일 갑술(세종실록 4권): 최윤덕이 내이포에 이르러 군사를 정비하고 왜인을 처치하다

최윤덕(崔閏德)이 내이포(乃而浦)에 이르러 군사를 엄하게 정비하고, 왜인으로 포에 온 자는 다 잡아다가 멀리 떨어진 곳에 분치하고, 각 관에서는 완악하고 흉한 자로서 어찌할 수 없는 평망고(平望古)와 같은 21인을 목 베니, 왜인이 감히 동하지 못하였다. 망고는 평도전(平道全)의 아들이다.

○ 세종 11년(1429) 2월 10일 병술(세종실록 43권): 최윤덕이 성 축조의 조건을 아뢰다

병조 판서 최윤덕(崔閏德)이 각 고을의 성(城)을 축조할 조건을 들어 계하기를,

"1. 하삼도(下三道) 각 고을의 성 중에서 그 방어가 가장 긴요한 연변(沿邊)의 고을들은 산성(山城)을 없애고 모두 읍성(邑城)을 쌓을 것이며, 그 읍성으로 소용이 없을 듯한 것은 이전대로 산성을 수축하게 할 것이며,

1. 각 고을에서 성을 쌓을 때에는 각기 그 부근에 있는 육지의 주현(州縣)으로 혹 3, 4읍(邑) 혹 5, 6읍을 적당히 아울러 정하여 점차로 축조하게 할 것이며,

1. 민호의 수효가 적고 또 성을 축조할 만하지 않은 각 고을은 인읍(隣邑)의 성으로 옮겨 함께 들어가게 할 것이며,

1. 각 고을에 쓸 만한 옛 성이 있으면 그대로 수축하고, 쓸 만한 옛 성이 없으면 가까운 곳에 새로운 터(基)를 가리어 신축하게 할 것이며,

1. 각 고을에 견실하지 못한 성이 있으면 각기 호수의 다소를 참작하여 혹은 물리고 혹은 줄여서 적당하게 개축하게 할 것이며,

1. 각 고을의 성을 일시에 다 쌓을 수는 없는 것이므로 각기 성의 대소를 보아서 적당히 연한을 정하여 견실하게 축조하도록 하소서."

하니, 〈이 일을〉 공조에 내리라고 명하였다.

○ 세종 12년(1430) 5월 11일 경술(세종실록 48권): 최윤덕에게 하삼도의 성보를 수축하는 방침을 일임하다

판부사 최윤덕을 불러 이르기를,

"전라·충청·경상 삼도(三道)의 각 고을의 성(城)으로서 예전 터에 그대로 수축할 만한 곳과 새로 성을 쌓을 만한 곳을 마련하여 아뢰라."

하고, 인하여 명하기를,

"삼도(三道)의 성보(城堡)를 수축하는 방침(方針)을 오로지 경에게 맡기노니, 경은 마음과 힘을 다하여 불완전한 점이 없도록 하라."

하였다.

○ 세종 12년(1430) 8월 23일 신묘(세종실록 49권): 최윤덕이 국경 연변의 성보를 수축할 것을 건의하다

상참을 받고, 정사를 보았다.

판부사 최윤덕(崔閏德)이 아뢰기를,

"금년 벼농사가 꽤 잘되었사오니 제주 목장(濟州牧場)의 수축을 청하옵니다."

하니, 임금이 말하기를,

"일찍이 제주 안무사(濟州安撫使)에게 〈축조에 대한〉 편의 여부를 심찰해 연구하도록 하였으니, 이제 쌓을 만할 것 같으면 반드시 아뢰어 올 것이오."

하였다. 윤덕이 또 아뢰기를,

"신이 일찍이 각도 성보(城堡)의 수축 명령을 받고 연전에 하삼도(下三道)의 성보를 순행 시찰하였사온데, 몹시 퇴락하고 무너져 있었으며, 요행히 견고한 성보가 있어도 그 주위가 몹시 협착하여 많은 사람을 수용해 방어할 수 없었습니다. 지금은 비록 사방이 평온하오나, '평안한 가운데서도 위태함을 잊지 말라.'고 한 것은 성인의 훈계입니다. 뜻하지 않은 변란이 태평한 때에 일어날 줄을 어찌 알았겠습니까. 그러하오니 9, 10월 당번 시위패(侍衛牌)들은 번(番)에 오르지 말게 하고, 먼저 〈국경〉 연변(沿邊)의 성보를 수축하게 하여 의외의 사변에 대비케 하시고, 또 선공감(繕工監)과 군기감(軍器監)에 소장돼 있는 쇠(鐵)를 계산하여 성보 수축에 따른 정추(錠椎)의 자료를 갖추게 하시고, 또 군기감 별군(別軍)을 사령(使令)이라 호칭하고 여러가지로 부리기 때문에 본감(本監)의 군기(軍器)는 대수롭지 않게 보아 정밀하게 만들 겨를이 없사오니, 다른 일에 공역(供役)하지 말고 오로지 군기만을 다스려 만들게 하시기를 청하옵니다."

하니, 임금이 말하기를,

"경의 말이 옳다. 그러나 부득이한 일이 있을 때에 농민들을 동원해 부리는 것은 더욱 불가하기 때문에 이들을 부리는 것이오."

하였다. 윤덕이 나가매, 임금이 대언(代言)들에게 이르기를,

"시위패의 번드는 것을 면제하라는 의사가 어떠하냐."

하니, 대답해 말하기를,

"성보를 쌓는 것이 1, 2년에 끝날 일이 아니온데, 이제 만약 번드는 것을 허락하지 않으신다면 뒤에 반드시 이 예를 들게 되어 시위가 허소(虛疎)하게 될 것입니다."

하니, 임금이

"그렇겠다."

하였다.

○ 세종 12년(1430) 9월 24일 임술(세종실록 49권): 최윤덕이 충청도에서 읍성을 건조할 적처를 아뢰다

도순찰사(都巡察使) 최윤덕(崔閏德)이 아뢰기를,

"충청도 비인(庇仁)·보령(保寧)의 두 현(縣)은 해구(海寇)들이 가장 먼저 발길을 들여놓는 지대인데, 비인의 읍성(邑城)은 평지에 위치하여 있고, 보령의 읍성은 높은 구릉(丘陵)에 위치하고 있어 모두 성터로 맞지 않습니다. 또 잡석(雜石)을 흙과 섞어서 축조한지라 보잘 것이 없고 협착한데다가 또한 우물과 샘(泉)마저 없으니, 실로 장기간 보전할 땅이 아닙니다. 비인현 죽사동(竹寺洞)의 새 터와 보령현 고읍(古邑) 지내리(池內里)의 새 터는 삼면이 험준한 산을 의지하고 있는 데다가, 그 내면도 넓고 샘물도 또한 풍족하여 읍성을 설치하기에 마땅할 뿐 아니라, 본현과의 거리도 불과 1리밖에 되지 않아서 진실로 옮겨 가고오는 폐단도 없사오니, 윗항의 새 터에 본도 중에서 벼농사가 잘된 각 고을에 적당히 척수(尺數)를 안배해 주어 10월부터 역사를 시작하게 하고, 감사와 도절제사로

하여금 그 축조를 감독하게 하옵소서."

하니, 그대로 따랐다.

○ 세종 12년(1430) 12월 29일 을미(세종실록 50권): 최윤덕이 충청도 비인 등지에서 성을 쌓다

도순문사(都巡問使) 최윤덕(崔閏德)이 경상도의 연일(延日)·곤남(昆南)·합포(蛤浦)와 전라도의 임피(臨陂)·무안(務安)·순천(順天)과 충청도의 비인(庇仁)·보령(保寧) 등의 성을 쌓았다. 이 공사를 진행함에 있어서 부종관(副從官)을 시켜 창기를 데리고 연회를 베풀어, 군현(郡縣)에서 치다꺼리에 지치고, 백성은 근심하며 원망하는 자가 많았다.

○ 세종 13년(1431) 11월 8일(세종실록 54권): 축성의 명을 받은 최윤덕의 시찰 결과를 아뢴 상소

판부사 최윤덕이 상언하기를,

"신이 성을 쌓으라는 명령을 받자와, 연해 지방의 여러 고을에는 지난해부터 비로소 쌓았는데, 경상도 감사는 배치(配置)를 늦게 하여 금년에 역사를 시작했으니, 너무 늦었으므로 그만두도록 명했습니다. 신은 생각하건대, 이 때에 성덕이 해역(海域)에까지 널리 베풀어져서 거주하는 백성들이 무사합니다. 그러나 왜구(倭寇)의 마음은 알 수가 없습니다. 기해년에 왜적을 쳐서 1천여 명을 사로잡아 종을 삼았으며, 소신이 또 왜적의 배 40척을 빼앗았으므로, 왜인이 우리 나라에 대하여 벌써 틈이 벌어졌습니다. 그러나 그들의 마음은 우리 나라에서 반드시 방비를 엄중히 할 것

이라 생각하여 감히 변고를 일으키지 못합니다. 지금 무사한 때에 미리 방비하지 않으면 비록 뒷날에 걱정한들 무엇하겠습니까. 옛날에는 연해(沿海)지방에 거주하는 백성이 없었으므로, 왜인이 〈내륙〉 깊이 들어와서 도적질을 했으니, 인월역(引月驛)·사근역(沙斤驛)의 싸움과 같은 것이 이것입니다. 지금은 해변에 백성이 조밀하게 거주하니, 왜구가 배에서 내린다면 노략질하기가 어렵지 않으며, 소수의 선군으로서는 반드시 이기지 못할 것입니다. 모름지기 마땅히 이 때를 당하여 성을 견고하게 쌓아서, 사변이 있으면 문을 굳게 닫고 방어하며, 사변이 없으면 모두 전야(田野)에 나가게 하는 것이 정치하는 요긴한 일입니다. 또 지금 백성들이 안일한 데에 젖어 있어 성 쌓는 것으로 백성을 괴롭힌다고 여기오나, 누가 백성을 사역하지 아니하고 다스리겠습니까. 신이 일찍이 함길도에 갔는데 도내의 각고을에 모두 성터가 있는 것을 보고, 각고을에 묻고 고적을 열람하여 왕태조(王太祖) 의 주군(州郡)에 성을 쌓은 뜻을 갖추어 기재하였사오니, 만약 가져다가 보신다면 성을 쌓는 뜻을 다 아실 것입니다."

하니, 임금이 옳게 여겨 받아들였다.

○ 세종 14년(1432) 12월 13일 무술(세종실록 58권): 최윤덕이 여연에 좋은 땅을 선택하여 성을 쌓고 방어할 것을 아뢰다

최윤덕(崔閏德)이 아뢰기를,

"신이 여연(閭延) 등처 구자(口子)의 주민이 매양 야인이 포로가 된다는 말을 들었사오니, 신은 빨리 좋은 땅을 선택하시어 성을 쌓고 조심하여 방어하시기를 바라옵니다."

하니, 임금이 말하기를,

"근래에 사신의 내왕으로 인하여 서북(西北) 인민의 곤궁하고 피폐함이 더욱 심하기 때문에 성을 쌓지 못하였노라."
하였다. 윤덕(閏德)이 아뢰기를,

"방금은 성상의 덕이 심중(深重)하시오므로 비록 성을 쌓지 아니하여도 가하오나, 자손 천 년에 어쩌다가 어질지 못한 임금이 있게 되오면, 반드시 적인(狄人)의 침노를 받게 될 것이오매, 변경의 근심이 크옵니다. 또 사신은 해마다 없는 때가 없사온즉 어찌 사신이 없는 날을 얻어서 쌓겠나이까."
하니, 임금이 말하기를,

"내 장차 깊이 생각하겠노라."
하였다. 윤덕이 아뢰기를,

"신은 침식(寢食)을 당할 때마다 오히려 변경 방비(邊鄙)의 일을 생각하옵니다. 성을 쌓고 적대(敵臺)를 설치한다는 것은 일찍이 법으로 세웠사오나, 그러나 적대의 설치는 성을 쌓는 것과 다름 없사와 돌 하나를 굴리는 것도 모두 백성의 힘을 써야 하온즉, 적대를 쌓지 마시와 백성의 역사를 덜으시기를 바라옵니다."
하니, 임금이 말하기를,

"내 앞으로 대신들에게 의논하겠노라."
하였다. 윤덕이 아뢰기를,

"여연(閭延)·강계(江界)는 지경이 야인(野人)과 연접(連接)하여 요해지(要害地)이오니, 모름지기 무예에 재주가 있는 자를 쓰셔야 합니다."
하니, 임금이 가납(嘉納)하고, 즉시 안숭선에게 명하여 무예에 출중한 자를 뽑아 아뢰게 하였다.

○ 세종 15년(1433) 3월 7일 경신(세종실록 59권): 평안도 절제사 최윤덕이 경력 최치운을 보내 파저강 토벌에 관해 아뢰다

평안도 절제사 최윤덕이 경력 최치운(崔致雲)을 보내어 아뢰기를,

"지금 내전(內傳)을 받자와 엎드려 살피오니, 파저강을 토벌하는 일에 군사 3천을 쓰라고 하시니, 신은 그윽이 생각하건대, 오랑캐의 땅은 험하고 막힌 곳이 많아서 모름지기 수비군(守備軍)을 나누어 머물러야 하며, 또 치중(輜重)을 보호하는 군사도 두어야 일이 가히 이룩될 것입니다. 하물며 이와 같은 형세가 두 번 일으키기 어려우니, 신의 마음으로 가만히 헤아리건대, 한 길은 만포(滿浦)로부터, 한 길은 벽동(碧潼)으로부터 함께 올라(兀剌) 등지로 향하고, 한 길은 감동(甘洞)으로부터 마천 목책(馬遷木柵) 등처로 향하여, 동쪽과 서쪽을 함께 거사(擧事)하게 하고, 신은 소보리(小甫里)로부터 행하여 타납노(咤納奴)·합라(哈剌)가 있는 곳으로 향하고자 하오니, 군사가 만여 명이 있어야 가할 것이온데, 지금 3천 명으로 정하였다는 말을 듣자오니 신은 심히 염려되옵니다."

하므로, 임금이 사정전(思政殿)에 나아가 지신사 안숭선 및 최치운을 인견하고 이르기를,

"처음 군신들과 더불어 군사의 수를 논의하니, 혹은 7, 8백 명을 말하고 혹은 1천 명으로 말하여, 이론이 분분하여 정하지 못하다가 마침내 3천 명으로 한정하였으나, 내 마음으로 적다고 생각하였더니, 지금 올린 글을 보니 과연 그렇다. 어제 박호문의 말에, '만 명의 수에 내리지 않아야 마땅하다.'고 하므로, 의정부·육조·삼군 도진무 등으로 하여금 회의하게 하였더니, 혹은 5백 명을 더하라고 하고, 혹은 1천 명을 더하라고 하며, 혹은 더할 필요가 없다고 하여 의논이 일치되지 않았다."

하니, 치운이 아뢰기를,

"윤덕이 말하기를, '처음 올 때에는 타납노·합라 등만 치고자 하면 정병(精兵) 1천 명만 얻어도 오히려 가하다고 하였는데, 지금 다시 생각하니, 마천(馬遷)으로부터 올라(兀剌) 등처까지 야인들이 산골에 흩어져 살아서 닭소리와 개소리가 서로 들리는데, 만약 한 두 마을을 치면 반드시 서로 구원할 것이니 성패(成敗)를 알기 어렵다. 옛 사람은 많은 군사를 동원하여도 작은 도적에게 패한 바가 되었는데, 하물며 많은 군사를 진실로 두 번 일으키기 어려우니, 한 두 마을마다 각각 한 군대를 보내면, 저들이 장차 자신도 구원하기에 겨를이 없을 것인데, 다른 사람을 구원할 수는 없을 것이다. 이런 까닭으로 만여 명이 아니고는 불가하며, 만약 3천 명으로 몇 길을 나누자면, 군사를 나누기가 또한 어렵다.'고 하옵니다."

하니, 임금이 말하기를,

"그렇다. 군사의 수를 1만으로 더하겠다."

하였다. 치운이 또 아뢰기를,

"윤덕의 말에, '황해도의 군마(軍馬)가 시기에 미쳐 달려오면 피로하여 쓸 수가 없을 것이니, 평안도 군마가 거의 2만 2, 3천에 이르는데 어찌 황해도를 의뢰할 것이냐.'고 하옵니다."

하니, 임금이,

"황해도의 군사는 없애는 것이 마땅하다."

고 말하고, 인하여 묻기를,

"윤덕이 어느 때에 동병(動兵)하고자 하던가."

하니, 치운이 아뢰기를,

"윤덕의 뜻은 단오(端午) 때는 도적의 무리들이 모두 모여서 즐기고, 또 풀도 클 것이나, 다만 비가 와서 물이 질까 두려우므로,

24, 5일 사이가 가하다는 것입니다."
하고, 인하여 아뢰기를,

"윤덕의 말에, '토벌하는 날에는 저들의 죄명(罪名)을 써서 방(榜)을 베풀고 돌아와야 마땅하다.'고 하옵니다."

하니, 임금이,

"방의 글(榜草)은 내가 마땅히 써 보내겠다."

하고, 인하여 승선에게 명하여 비밀히 승문원(承文院)과 더불어 방문(榜文)을 미리 초하여 아뢰게 하였다. 또 승선에게 이르기를,

"파저강을 치는 날에 글을 갖추어 요동(遼東)에 통하는 것이 어떨까."

하니, 승선이 아뢰기를,

"성상의 말씀이 지당하옵니다. 미리 통하는 것은 불가하오나, 그 발병(發兵)할 때를 당하여 통유(通諭)함은 가하옵니다."

하매, 임금이 말하기를,

"그대는 그것을 알았다."

하였다.

○ 세종 15년(1433) 5월 5일 정사(세종실록 60권): 평안도 도절제사 최윤덕이 오명의를 보내어 야인 평정을 하례하는 전을 올리다

평안도 도절제사 최윤덕이 평양 소윤 오명의(吳明義)를 보내어 야인 평정을 하례하는 전(箋)을 올리기를,

"지난 임자년 12월에 파저강 야인들이 우리 북변(北邊)을 침략하므로, 신이 선덕(宣德) 8년 정월 19일에 명을 받들고 길을 떠났사온데, 3월 27일에 공경히 교서를 받들어 곧 삼군 절제사 이순몽 등에게 명하여, 군사를 일곱 길로 나누어 4월 19일 날샐 무렵

에 쳐들어가 그 죄를 물어 더러운 오랑캐를 다 평정하였사오매, 삼가 전(箋)을 올려 하례하는 바입니다. 성인의 덕이 천심(天心)에 합하고, 인의(仁義)의 군사가 오랑캐를 평정하니, 장수와 군사들은 기뻐하여 노래를 부를 뿐이옵니다. 그윽이 생각하건대,

주아(周雅) 의 채미편(菜薇篇)은 험윤(獫狁) 이 있기 때문이며, 상서(商書)의 갈(葛)을 친 것도 동자(童子) 위한 정벌이옵니다. 백성을 부리는 것이 좋지는 아니하나, 군사는 부득이한 일입니다. 무지한 이 흉한이 우리 변경에 이웃하여, 이리같은 탐하는 욕심을 마음속에 간직하고, 개같이 문밖에서 날뛰고 짖어대어 요새를 침범하고 사민을 약탈하매, 그 죄가 이미 산과 같고 악함 또한 효경(梟獍)보다 더하므로, 이에 천(賤)한 이 몸으로 하여금 속히 떳떳한 형벌을 행하게 하시니, 신은 전교의 명을 받아 전군을 절제하는 권한을 잡고, 군사를 일곱 길로 나누고, 스스로 1천 군사를 거느리니, 군사가 잠깐 동안 교전하자, 도적 벌써 기운 꺾여, 강물이 구렁에 몰려드는 듯, 촌교(寸膠) 로써 막기 어렵고, 돌이 산봉우리에서 구르는 듯, 빈 알(卵)처럼 스스로 깨어졌습니다. 옛날 전쟁에는 없었던 일을 이제 하늘이 도와서 이미 이겼으니, 위로는 하늘에 계신 종묘의 영혼에 사례할 만하고, 아래로는 족히 국가의 오래 쌓인 분함을 풀 수 있으니, 옛일을 상고하여도 이보다 더 큰 공이 없었습니다. 삼가 생각하건대, 성상의 지혜는 탕(湯)보다 더하시고, 총명하심은 순(舜)과 같으시와, 우레 같은 위엄을 한 번 떨치매, 신성한 기운이 오랑캐 땅에 빛나고, 해와 달같이 밝으신 덕이 야인의 풍속을 아름답게 만들어, 무기를 거두고 변경에 근심이 없어졌습니다. 엎드려 생각건대, 외람하게도 어리석은 재주로 거룩한 시대를 만나, 도적을 포로 심문하여 갑절 적개(敵愾)의 정성을 다하였으며, 창과 칼을 부러뜨려 하늘에 가득한 악한 무리를

쓸어 버렸나이다."

하였다. 임금이 사정전에 나아가 명의를 인견하고 옷 두 벌을 하사하였다.

○ 세종 15년(1433) 5월 7일 기미(세종실록 60권): 평안도 절제사 최윤덕이 파저강의 토벌에 관해 치계하다

평안도 절제사 최윤덕이 박호문을 보내어 치계(馳啓)하기를,

"선덕 8년 3월 17일에 공경히 부교(符敎)를 받들고 장차 파저강의 도둑을 토벌하려고 하였으며, 좌부(左符)를 보냄에 이르러 병부를 맞추어 보고 군사를 발하였나이다. 이에 곧 본도의 마병(馬兵)·보병의 정군(正軍) 1만을 발하고, 겸하여 황해도 군마(軍馬) 5천을 거느리고 4월 초 10일에 일제히 강계부에 모여서 군사를 나누었는데, 중군 절제사 이순몽은 군사 2천 5백 15명을 거느리고 적괴(賊魁) 이만주의 채리(寨里)로 향하고, 좌군 절제사 최해산은 2천 70명을 거느리고 거여(車餘) 등지로 향하고, 우군 절제사 이각(李恪)은 1천 7백 70명을 거느리고 마천(馬遷) 등지로 향하고, 조전(助戰) 절제사 이징석은 군사 3천 10명을 거느리고 올라(兀剌) 등지로 향하고, 김효성은 군사 1천 8백 88명을 거느리고 임합라(林哈剌) 부모의 채리(寨里)로 향하고, 홍사석은 군사 1천 1백 10명을 거느리고 팔리수(八里水) 등지로 향하고, 신은 군사 2천 5백 99명을 거느리고 정적(正賊) 임합라의 채리로 향하여, 본월 19일에 여러 장수들이 몰래 군사를 거느리고 가서 토벌을 마쳤습니다. 이제 사로잡은 것과 머리를 벤 것, 마소와 군기(軍器) 를 탈취한 수목(數目)과, 아울러 우리 군사가 화살에 맞아 죽은 사람 및 화살을 맞은 인마(人馬)의 수목을 열거하여 아뢰옵니다. 신이 사로잡은 남녀가 62명,

사살한 적이 98명, 각궁(角弓) 21, 화살 4백 20, 환도(環刀) 3, 화살통 8, 나도(羅韜) 3, 궁대(弓帒) 3, 창(槍刀) 28, 소고(小鼓) 1, 말 25필, 소 27마리이고, 본국 군사로서 화살에 맞아 죽은 자가 4명, 화살에 맞은 자가 20명, 화살에 맞은 말이 18필, 화살에 맞아 죽은 말이 2필이며, 중군 절제사 이순몽이 사로잡은 남녀가 56명이고, 【죽인 수는 기록하지 않았다.】 좌군 절제사 최해산은 생포한 남자 1, 머리 벤 것이 3, 각궁 6, 화살 1백 4, 화살통 6, 나도(羅韜) 2, 환도 1이고, 우군 절제사 이각은 생포 남녀 14명, 죽인 도적이 43명, 말 11필, 소 17마리이며, 조전 절제사 이징석은 생포한 장정 남자 18명, 장정 여자 26명, 남녀 아동 각 12, 사살하여 귀를 벤 것 5, 갑옷 2, 각궁 15, 화살통 7, 환도 1, 화살 3백 30, 창 2, 말 25필, 소 33두, 안자(鞍子) 3이며, 조전 절제사 김효성은 생포한 남녀 16, 죽인 도적 13, 화살 맞은 도적 7, 각궁 2, 화살 14, 말 6필, 소 12두이고, 화살 맞은 우리 군사 2명, 화살 맞은 우리 말이 6필인데, 1필은 즉사하였고, 상호군 홍사석은 생포 남녀 31명, 죽인 도적 21, 화살 맞은 도적 28, 각궁 8, 화살 1백 12, 환도 1, 소 21마리이며, 우리측은 화살 맞은 군사 3명, 말 3필입니다."
하였다. 임금이 호문을 사정전에서 인견하니, 호문이 아뢰기를,

"지금 피로인들의 말에 의하면, 파저강 야인이 여연에 침입할 때에 동맹가첩목아의 관하 사람도 왔다고 합니다."

하매, 임금이 비밀히 김종서로 하여금 여러 대신에게 논의하기를,

"맹가첩목아가 이 말을 들으면 반드시 의구심을 품을 것이니, 비밀히 윤덕에게 효유하여 이 말을 떠들지 말게 하는 것이 어떨까."

하니, 모두,

"상교가 지당하옵니다."

하였다. 곧 윤덕에게 내전하고 호문에게 옷 두벌을 하사하였다.

처음에 윤덕이 출병할 때 여러 장수들을 모아 놓고 교서와 사목(事目)을 펴 보이고, 인하여 취초(取招)하기를,

"주장(主將)의 조령(條令)을 혹 어기는 자가 있으면, 삼가 교서에 의하여 군법을 따를 것이니, 그 죄를 사양하지 말라."

하였다. 군령(軍令)에는,

"1. 저들과 대적할 때에는 지금 내린 칙서 및 영락 년간에 선유한 성지의 사연을 말하지 말고, 일체 교서에 의하여 모든 장수들은 오로지 주장의 영을 듣는다.

1. 주장이 각(角)을 한 통 불면 모든 장수들이 응하고, 금고(金鼓)도 같으며, 휘(麾)를 왼쪽으로 눕히면 왼쪽으로 가고, 오른쪽으로 눕히면 오른쪽으로 간다. 북을 치면 나아가고, 쇠를 치면 그치며, 두 번 쇠를 치면 곧 물러가되, 일체 주장의 명령에 따른다.

1. 전쟁에 임하여 휘를 눕혀도 응하지 아니하는 자와, 북을 듣고도 나아가지 아니하는 자, 장수를 구원하지 아니하는 자, 군정(軍情)을 누설하는 자, 요망한 말을 내어 여러 사람을 의혹하게 하는 자는 대장에게 고하여 참한다.

1. 자기 패(牌)를 잃고 다른 패를 따라가는 자와, 장(章)을 잃은 자, 떠드는 자는 벌을 주고, 한 항오(行伍) 중에서 세 사람을 잃은 자도 벌을 주며, 패두(牌頭)를 구제하지 아니하는 자는 참한다.

1. 북을 천천히 치면 천천히 가고, 빨리 치면 빨리 간다. 이 법을 따르지 아니하는 자는, 행진(行陣)할 적에는 벌을 주고, 싸움에 임해서는 참한다.

1. 적의 마을에 들어가서 늙고 어린 남녀는 치고 찌르지 말며, 장정이라도 항복하면 죽이지 말라.

1. 적의 마을에 들어가서 영을 내리기 전에 재물과 보화를 거두어 넣은 자는 참한다.

1. 험하고 좁은 길에 행군하다가 갑자기 적을 만나면 행군을 중지하고 공격하며, 각을 불어 그 군사에게 보고하고, 모든 군사는 각으로 주장에게 보고한다. 후퇴하여 패해 달아나는 자는 참한다.

1. 소·말·닭·개 등을 죽이지 말고, 집을 불태우지 말 것.

1. 공격하는 법은 정의로서 불의를 무찌르는 것이니, 그 마음을 다스려서 만전을 기하는 것이 정의이다. 만약 늙은이·어린이를 잡아서 죽이고, 당인(唐人)을 죽여 군공(軍功)을 낚고자 하여 조령(條令)을 범하는 자는 모두 군법에 의하여 시행한다.

1. 강을 건널 때에는 모름지기 다섯씩 열씩 짝을 지어 차례대로 배에 오르고, 먼저 타려고 다투어 차례를 잃지 말 것이다. 어기는 자는 총소패(摠小牌)와 함께 논죄한다.

1. 영(營)에 머무르고 있는 사객(使客)과 제장(諸將)을 접대할 때에는, 서울에서 온 군관(軍官)들은 칼을 차고 좌우를 떠나지 말아야 한다. 어기는 자는 5일의 요(料)를 정지한다. 행진(行陣)하면 기·징(鉦)·북·둑(纛) 등을 영(令)에 따라 받들어 가지고 간다.

1. 진무(鎭撫) 한 사람과 서울에서 온 군관 네 사람은 날마다 윤번(輪番)으로 영문(營門)을 파직(把直)한다. 길가는 사람을 제외하고 각군(各軍) 절제사 및 영군차사원(領軍差使員) 등은 반인(伴人) 한 사람만 거느리고 들어온다.

1. 주장이 내린 영은 진무소에서 전달하고, 일체 행동에 대하여 제군(諸軍)은 진무소에서 영을 듣는다.

1. 각 패(牌)의 사후(伺候) 한 사람은 떠나지 아니하고 영을 듣는다.

1. 만약 사망한 사람과 말이 있으면, 말은 뼈를 거두어 묻어두고, 사람은 싣고 온다."

하였다. 영을 마치고 제장들과 함께 언약하기를,

"오는 19일에 모두 소굴에 들어가서 죄를 묻는다. 만일 비바람이 심하여 날씨가 어두우면 20일도 가하다."

하고, 자리에 나아가서 서로 절하고 이별하였다. 윤덕이 소탄(所灘) 아래 시번동구(時番洞口)로부터 강을 건너 주둔하니, 강가에 네 마리 들노루가 스스로 영(營)으로 들어오므로 군사들이 잡았다. 윤덕이 말하기를,

"내가 들으니, 무왕(武王)이 주(紂)를 치려고 하수(河水)를 지날 적에 흰 고기가 왕의 배에 들어오니, 사람이 말하기를, '흰 것은 상(商)나라의 빛깔인데 이제 왕의 배에 들어오니, 이는 상나라 사람이 주(周)나라로 돌아올 징조라.'고 하였다는데, 지금 노루는 곧 들짐승으로서 스스로 와서 잡혔으니, 실로 야인이 죽음을 당할 조짐이다."

하고, 어허강(魚虛江) 가에 이르러 군사 6백 명을 머물러서 목책을 설치하고, 19일 날샐 무렵에 임합라(林哈剌)의 채리(寨里)에 이르러 그대로 영(營)을 머물렀다. 적의 마을과 심타납노(沈吒納奴)의 채리가 모두 무너져서 사람이 없고, 다만 강가에 적 세 사람이 먼저 나타나고, 혹 7, 8명씩, 혹 10여 명씩 서로 모양을 나타내어 활을 쏘므로, 윤덕이 통사 마변자(馬邊者)·마연대(馬淵大) 등으로 하여금 소리를 질러 말하기를,

"우리가 군사를 거느리고 온 것은 너희들 때문이 아니고 다만 홀라온 때문에 온 것이다. 그러므로 너희들 채리는 공격하지 못하게 하였으니, 너희들은 이것을 알아야 한다."

하니, 적들이 말에 내려 손을 모아 절을 하였다. 이날 싸울 때에 우리 군사의 상공에 명주 한 필 길이와 같은 흰 기운이 있었다. 20일에 홍사석의 군마가 도착하여 윤덕과 합동작전하였다. 사석의 군사가 31명을 생포하니, 적이 뒤에서 도전하여 도망해 나가

게 하려고 하므로, 드디어 26명을 베고 5명만 남겼다. 타납노(吒納奴) 채리의 동쪽 산으로부터 합라(哈刺) 등 채리에 이르기까지 산 위에는 좌군(左軍)이, 냇가에는 우군(右軍)이, 중앙에는 중군(中軍)이 종일토록 탐색(探索)하고 석문(石門)으로 물러나와 영(營)을 베풀고, 인하여 녹각성(鹿角城)을 설치하고, 지자산군사(知慈山郡事) 조복명(趙復明)과 지재령군사(知載寧郡事) 김잉(金仍) 등으로 하여금 군사 1천 4백 명을 거느리게 하되 포로들로써 먼저 와서 길을 닦게 하였다. 이때 들에 풀이 모두 불타서 말이 여위고 또 큰 비가 내리니, 윤덕이 근심하여 하늘을 우러러 손을 모아 고하기를,

"아아, 이 야인은 우리의 변경을 침노하여 여러 해 동안 흉하고 악한 짓을 많이 하였으며, 연전에 홀라온을 불러들여 변경을 침범하여 사람을 죽이고 가옥을 소탕하였으므로, 내가 왕명을 받아 군사를 거느리고 죄를 묻고자 하는데, 지금 하늘이 저 죄 있는 자를 용서하고 무고한 우리를 괴롭히니, 아아, 하늘이여, 나의 죄가 무엇인가."

하고, 고하기를 마치고 우니, 잠시 후에 비가 그쳤다. 홍사석·최숙손(崔淑孫)·마변자(馬邊者) 등으로 하여금 군사 1천 5백 명을 거느리고 각 마을을 수색하고, 타납노(吒納奴)의 채리에 이르러도 사람이 없으므로, 초유 방문(招諭榜文)만 걸어 두고 왔다. 김효성도 군사를 거느리고 와서 모였다. 윤덕이 이순몽의 헌괵(獻馘)치 아니하고, 또 명령을 기다리지 아니하고 먼저 간것과, 최해산의 군사가 모이는 기한에 미치지 못한 것과, 이징석도 영을 기다리지 아니하고 먼저 간 일들을 탄핵하였다. 선위사(宣慰使) 박신생(朴信生)이 이르니 술을 하사하고, 인하여 상교(上敎)를 선유(宣諭)하기를,

"오늘의 일은 실로 천지와 조종의 덕을 힘입어 여기에 이른 것이니, 내가 감당할 공적이 아니다. 군사가 돌아온 후에 반드시 보복

이 있을 것이니 연강(沿江) 등지에 더욱 군사를 정비하여 수어하라."
하였는데, 이순몽·이징석·최해산 등은 참여하지 못했다.

○ 세종 15년(1433) 6월 6일 정해(세종실록 60권): 영의정 황희·좌의정·맹사성 우의정 최윤덕 등을 불러 정사를 의논하다

영의정 황희·좌의정 맹사성·우의정 최윤덕 등을 불러 정사를 의논하였다.

첫째는,

"우의정을 어느 때에 보내야 좋은가."

하니, 사성과 윤덕은 7월 그믐 때가 좋다하고, 황희는 7월 20일 경이 좋다 하였다.

둘째는,

"양계는 야인들 땅과 경계를 연하여 평상시에도 미리 방비하여야 하는데, 하물며 지금 토벌한 뒤에 야인들이 들떠서 적변(賊變)을 추측하기 어려우니, 방어할 계책을 어떻게 하면 좋을까."

하니, 모두 아뢰기를,

"강계·자성·이산(理山)·경원·영북(寧北)·갑산 등 요해지(要害地)에 군사를 더 파견하여 굳게 지키게 하소서."

하였다.

셋째는,

"강가의 농민들이 적을 피하여 농사를 짓지 아니하면 장차 그 생업을 잃을 것이고, 들에 퍼져서 농사를 지으면 적의 변고가 두려우니 구호할 방책을 잘 의논하여 아뢰라."

하니, 모두 아뢰기를,

"농민 장정들로 하여금 각각 활을 가지고 뭉쳐서 농사를 짓

고, 갑자기 적변(賊變)이 있으면 힘을 같이 하여 싸우고, 그 부근의 영(營)과 진(鎭)의 장졸을 미리 배치하였다가 기와 북으로 서로 알려 협력하여 구원하게 하라."

하였다. 임금이 우의정은 7월 보름께 출발하게 하고, 나머지는 모두 여러 사람의 논의에 따랐다.

○ 세종 15년(1433) 6월 11일 임진(세종실록 60권): 영의정 황희·좌의정 맹사성·우의정 최윤덕 등을 불러 정사를 논의하다

영의정 황희·좌의정 맹사성·우의정 최윤덕 등을 불러 정사를 논의하였다.

첫째는,

"지함(池含)이 돌아와 아뢰기를, '동맹가첩목아가 말하기를, 「우리 친족으로 포로된 자가 매우 많으니, 본토에 돌려보내어 생활을 회복하게 하기를 바란다.」고 하였습니다.' 하기에, 내가 포로들에게 묻게 하였더니, 한 여자가 맹가첩목아의 종제(從弟) 동아거(童阿車)의 아내라 하고, 나머지는 친족이 없다고 하니, 나는 〈그 여자라도〉 돌려보내려고 하는데 어떤가."

하니, 희 등이 아뢰기를,

"신 등이 지함의 글을 보니, 맹가첩목아가 친족이라고 이르는 것은 아거의 아내가 아니라, 바로 네 살 된 손녀를 말한 것인데, 이제 본국에서 잡은 포로 중 손녀가 없는데, 아거의 아내만 보내면 이는 맹가첩목아의 본의가 아닙니다. 또 정벌한 뒤에 곧 포로를 돌려보내는 것은 너무 빠르며, 더구나 포로한 인구를 모두 알목하로 돌려보내면 야인들이 장차 알목하로 모일 것입니다. 이로써 본다면 맹가첩목아의 청은 성심에 나온 것이 아니요, 야인들

에게 공을 얻기 위함이니 〈여자를 돌려보내서는〉 안 되는 것입니다. 서서히 야인들이 와서 항복하기를 기다린 뒤에 관대한 은혜를 베풀어 본토로 돌아가게 하는 것이 대단히 편하고 유익할 것입니다."
하였다.

둘째는,

"맹가첩목아가 지함과 더불어 말하기를, '지난 해 홀라온이 여연에 침입하여 사람을 잡아 가는 것을 이만주가 관하 군졸을 거느리고 모두 본국으로 돌려보냈으니, 어찌 공이 없는가. 당연히 표창해야 할 터인데 도리어 토벌을 가하니, 우리들은 이유를 알지 못하겠다.'고 하자, 지함이 해명하지 못하였다. 도대체 만주에게 어찌 죄를 성토할 말이 없겠는가. 그 관하의 임합라가 홀라온을 유인하여 우리 경계에 침입하였으니, 어찌 만주가 모르고서야 감히 이같은 일을 했겠는가. 더구나 당초에는 만주가 알지 못하였다 할지라도 나중에는 반드시 알았을 것인데, 잘못을 덮고 꾸며서 죄를 홀라온에게 돌리고 본국을 기만하고 중국을 속였으니, 그 죄가 심히 중한데 죄를 묻는 정벌이 어찌 만주에게만 미치지 아니하리오. 그 죄가 없을 수 없다는 뜻을 변장(邊將)으로 하여금 저들에게 효유하는 것이 어떤가."
하니, 모두 옳다고 하였다.

셋째는,

"이번에 야인 16명이 빈 틈을 타고 가만히 여연에 들어와서 남녀 각 한 사람을 쏘아 죽였는데, 농민이 이것을 알자 곧 군수에게 달려가 고하고 또 함께 추격하니, 적이 달아나 급히 강을 건너다가 배가 파선하여 물에 빠진 자까지 있었으니, 그 추격한 공이 진실로 상줄 만하다. 홍사석이 말하기를, '양계(兩界)의 백성은 적이 지척에 있고 사변(事邊)이 조석으로 일어나기 때문에, 항상 변경 백성들로 하여금 활과 화살을 놓지 않고 저들과 다름이 없이 무장한 뒤라야 편히 잠자고 살 수 있다.'고 하니, 이 말이 맞는 것이다. 어떻게 하여야 더욱 무사(武事)를 일으킬 수 있을까."

하니, 모두 아뢰기를,

"만약 저들이 여연·강계 연변의 각 고을에 돌입하면 변장이 미처 구호하지 못할 것이니, 부근 각 마을 사람으로 대(隊)를 만들어 농사지을 때에는 항상 활과 화살을 가지고 다니고, 만약 적의 변고가 있으면 힘을 같이 하여 방어하게 하고, 변장으로 하여금 고찰하게 하며, 관에서 한 사람에게 화살 2, 30개씩 주어서 무사(武事)를 익히게 하소서."

하니, 그대로 따랐다.

○ 세종 15년(1433) 6월 23일 갑진(세종실록 60권): 임금이 대언들에게 야인들의 침범에 대한 대책을 이르다

임금이 대언들에게 이르기를,

"윤덕이 아뢰기를, '평안도 백성들은 작은 도적들이 자주 오는 것을 막기 위하여 여간 피로하지 않을 것이니, 만약 작은 도적들이 원수를 갚지 못하여 크게 침입해 오면 방위하기 어렵습니다.' 고 하였는데, 나도 그렇게 생각한다. 그러나 야인들이 분함을 품고 자주 변경을 침범하니 약함을 보일 수는 없는 것이다. 요해지에 군사를 주둔시키고 천 명, 혹은 백 명으로 굳게 방어해야 한다. 방금 적에 대한 방책은 성벽을 굳게 지키는 것이 상책이요, 만약 야인들이 와서 침범하면 우리의 편리한 것을 이용하여 나가 쳐서 패하게 하는 것이 중책(中策)이다. 얼음이 얼면 적이 반드시

침입할 것이니 가을과 겨울이 되거든 군사를 뽑아서 방비하라. 야인들이 중국은 두려워하지 아니하고 우리 나라를 두려워하는 것은 다름이 아니라, 야인들이 중국의 경계에 날뛰어 변민(邊民)을 노략한다 할지라도, 중국에서는 이를 도외시하고 군사를 일으켜 죄를 토벌하지아니하기 때문이다. 중국 사신이 우리 나라로 인연하여 야인의 지경에 가면 야인이 두려워하고, 중국에서 바로 가면 두려워하지 아니하였다. 두려워하지 않을 뿐만 아니라 혹 쏘는 자도 있었으니, 이 때문에 고황제(高皇帝)가 마침내 마음이 편하지 못하였다."

하였다. 임금이 또 말하기를,

"전번 파저강 토벌에 적을 베고 잡은 공이 있는 자에게는 모두 상을 주고, 그 나머지는 상을 주지 못하였다. 비록 베고 잡은 공은 없을지라도 전쟁에 참가한 노고를 위로하지 않을 수 없는 것이다. 고려 때에는 군사의 공이 없을지라도 억만(億萬)의 첨설(添設)한 관직이 있었다. 이제 삼군(三軍) 사졸 가운데 상을 받지 못한 자에게는 첨설한 벼슬로 상을 주고, 평안도 군사에게는 토관(土官)으로 상을 주는 것이 어떤가. 논의하여 아뢰라."

하였다.

○ 세종 15년(1433) 8월 14일 갑오(세종실록 61권): 최윤덕이 평양·영변 길처, 자산 이남의 군사와 말들의 번에 관해 아뢰다

평안도 도안무사 최윤덕이 대호군 박호문을 급히 보내어 아뢰기를,

"여연(閭延)·강계·자성(慈城)으로부터 의주 강변까지의 각 고을 구자(口子)나 요해처를 수비하는 군사는 강변 각 고을의 군사와 말

과, 삭주·의주·강계 길처의 군사와 말과, 영변 부근 각 고을의 군사와 말들을 혹은 세 대거리로 혹은 네 대거리로 번을 갈라서교대로 번들게 하여, 지난 6월부터 지금 8월에 이르도록 아직까지 쉬지를 못하고 있사온데, 자산(慈山) 이남의 군사와 말과, 평양 길처 이남 각 고을의 군사와 말들은 이번 여름철에 전연 방어의 일을 아니하고 있으니, 수고롭고 편한 것이 균등하지 아니하옵니다. 이제부터는 평양 길처 각 고을과 영변 길처와 자산 이남 각 고을의 군사와 말들을 전례에 의하여 세 대거리로 번을 갈라 방어 일을 하게 하소서."

하고, 또 아뢰기를,

"야인이 강계부 강북에 와서 말하기를, '전날의 포로되었던 사람들이 돌아왔으므로 이만주 등이 매우 기뻐하고 있삽는데, 우리들의 가족도 만약 살아있다면 강변에서 서로 만나게 하여 주시기를 비옵니다.' 하오니, 이제 강 연변의 방어군이 극도로 피곤하여 있고, 또 중국 사신이 칙서를 받들고 오는 터이오니, 포로들 중에서 똑똑한 자 한두 사람을 혹 들여보내든가 혹 강변으로 보내어서 서로 만나보게 하든가 하여, 저들의 귀순하고 싶은 마음을 돋우어 주는 것이 어떠할까 하옵니다."

하니, 의정부와 육조에 의논하라고 명하였다.

○ **세종 16년**(1434) **2월 5일 계축**(세종실록 63권)**: 평안도 도안무 찰리사 우의정 최윤덕이 관직을 사직하기를 청하자 이를 허락하지 않다**

평안도 도안무 찰리사(都安撫察理使) 우의정(右議政) 최윤덕(崔閏德)이 사직(辭職)하여 말하기를,

"신은 초야의 한 쓸모 없는 사람으로 다행히 밝으신 성대를 만

나서, 그릇 주상의 은우(恩遇)를 입어 벼슬이 극품(極品)에 이르렀으니, 이는 진실로 신이 충의를 다할 때라 하겠습니다. 그러하오나, 신이 무신(武臣)의 집에서 생장하여 손(孫)·오(吳)의 병서를 간략히 익혔을 뿐, 고금의 변혁과 치란(治亂)의 기틀도 모르옵거든, 하물며 천지의 가르치심을 공경히 믿고 국사를 경위(經緯)하고 음양을 조화하여 백관에 관면(冠冕)하기를 바라겠습니까. 신이 전년에 공경히 성상의 명을 받들고 야인을 토벌하매, 적도들이 멀리서 관망하다가 흩어져 달아나고 감히 항거하지 못하였으니, 이는 모두가 높으신 성덕(聖德)과 빛나는 신위(神威)의 소치이옵거늘, 도리어 그 공을 소신에게 돌리시와 과중하온 작위(爵位)를 특별히 더하시므로, 신은 이를 사면(辭免)하고, 어진이에게 길을 피해 주려고 생각하였던 것입니다. 얼마 안 되어 적도의 잔당이 다시 변경을 침범해 오므로, 즉시 명하사 신으로 도안무사(都安撫使)를 삼으시고 신이 길에 오르기를 재촉하시니, 신은 어찌할 바를 몰랐으며, 미처 〈소회를〉 진달할 겨를이 없어 주야로 전전긍긍(戰戰兢兢)하며 임무를 감당하지 못할까 두려워하고 있습니다. 신은 매양 생각하옵기를, 의정(議政)의 직책은 본시 용품(庸品)이 얻어할 바 아니며, 국사를 경위하고 음양을 조화시키는 일은 무신이 의의(擬議)할 바 아니고, 또 신은 본래 병이 있어 밥을 먹지 못하옵고 단술로 이를 대신하고 있으니, 이 또한 음양을 조화시키는 재상의 할 바 아니온즉, 다만 사람들로부터 오늘날 웃음을 사고 후세에 기롱을 남길 뿐입니다. 그러하오나, 의적을 막아서 북방을 안정시키는 일이라면, 신이 마땅히 이 몸이 다할 때까지 진심 진력(盡心盡力)하겠사오니, 바라옵건대, 성자께옵서 신의 작위를 해면해 주시고 어질고 능한 사람으로 대신하여 주시면 이보다 다행한 일이 없겠나이다."

하니, 윤허하지 않고 비답하기를,

“올린 전문(箋文)을 보고 관직을 사양하겠다는 일을 갖춰 알았노라. 장상(將相)의 직임이란 의뢰하는 바 가볍지 않은 것이니, 국가에 근심할 일이 없으면 정치를 바로잡아 정화(政化)를 널리 펴야 하고, 변경에 급변이 있으면 병력을 동원하여 무위를 빛내야 하나니, 내외의 권한을 온전히 맡게 하는 것으로써, 본시 경중의 다름이 없는 터이다. 한(漢)나라의 제갈양(諸葛亮)과 당(唐)나라의 배진공(裴晉公)은 모두 승상(丞相)의 관직에 있으면서 지방의 진(鎭)의 책임을 맡았던 것이니, 지난날의 일을 상고하더라도 이미 이루어진 규례가 있음을 알 수 있는 것이다. 생각하건대, 경은 가정에서 훌륭한 장수의 기풍을 전해 왔고, 대대로 충의롭고 정고(貞固)한 절의를 지켜 왔으며, 밖으로 나가 번병(藩屛)을 진압하매 위명(威名)이 크게 드러나고, 안으로 들어와 추기(樞機)를 맡으매 기율(紀律)이 정하고 밝아서, 뭇 사졸의 귀의하는 바이었으며, 온 신민들의 촉망하는 바이었다. 지난번에 소소한 오랑캐의 무리들이 우리 북방을 침범하거늘, 그 죄를 묻는 군사를 일으켜서 백성을 편케 하는 용맹을 보이려고, 온 조정의 천거하는 바에 따라 정벌의 노고를 번거롭게 하였던바. 삼군의 예기(銳氣)를 분발시키고, 먼저 백전백승의 계책을 결단하여, 한번 북을 쳐서 요기(妖氣)를 소탕하고 곧 만전(萬全)한 공로를 거두었으니, 이는 모두가 현명한 계책에서 나온 것으로서, 어찌 천박한 과인의 덕에 기인했다 하리오. 마땅히 은총의 도를 더하여 그 수훈(殊勳)에 보답해야 하겠기에, 먼저 태사(台司)에 올려 묘당(廟堂)위에서 치화를 협찬하게 하고, 겸하여 병권을 부여하여 유악(帷幄)속에서 군략(軍略)을 운용하게 한 것인데, 저 조그마한 간악한 잔당들이 아직도 틈을 노려 횡포를 자행하려는 흉계가 숨어 있음을 어찌 예측하였으랴. 이에 곤임(閫任)을 전담하게 하여 그 방어책을 다하기를 기하였던바, 추한 오랑캐들이 위엄을 두려워하여 항복해 오고, 변방의 백성들은 은혜를 속에 품고 각기 안심하고 그 업에 종사하게 되었도다. 경은 비록 이를 자랑하지 않지만, 누가 더불어 〈그 공을〉 다투겠는가. 자리를 피하여 어진이에게 양보한다는 것은 한갓 일신을 보전하려는 계책에 불과하며, 병을 칭탁하고 해면을 구한 말도 또한 나라에 〈몸을 바치는〉 충이 아닐 것이요, 다만 무신이라 하여 그 직위를 고사(固辭)하나, 무예(武藝)는 특히 한 지엽(枝葉)에 불과하고, 경제(經濟)가 곧 경의 탁월한 바이니, 마땅히 의약의 조리를 삼가서 길이 복심(腹心)의 부탁을 받아야 할 것이다. 아아, 외적의 방어를 이미 죽엄으로써 맹세하였으니, 치도(治道)를 논하고 국사를 경륜하여 마땅히 나의 부족한 점을 보필해야하지 않겠는가. 사양한 바는 의당 윤허하지 못할 일이다."
하였다.

○ 세종 16년(1434) 3월 17일 갑오(세종실록 63권): 성보의 축조·갑사의 증원·서울의 조성 감역 관리의 상급 문제 등을 논의하다

상참을 받고 정사를 보았다. 우의정 최윤덕(崔閏德)이 아뢰기를,
"성보(城堡)란 외적을 방어하고 백성을 보호하는 것이라서, 역대로 이를 중히 다루어왔사오니, 마땅히 대신에게 명하여 각도의 성을 관장 축조하게 할 것입니다. 다만 성의 기지가 비록 넓고 험고(險固)하더라도, 그 안에 샘물이 없고 또 저축한 군량이 절핍되면 굳게 지키지 못할 것이니, 대저 성보의 기지로 높은 산은 부적당합니다."
하고, 또 아뢰기를,

"신이 병조 판서가 되었을 때 갑사의 증원을 청한 바 있사온데, 이제 내금위(內禁衛)·진무(鎭撫)·충의위(忠義衛) 등에도 모두 갑사의 직임을 제수하여 번에 오르는 수효는 비록 1천이 된다고 하지만, 실상 5, 6백에 불과하여 위사(衛士)가 몹시 적은 형편이온데, 지금 비록 승평무사(昇平無事)한 때라 하더라도 이같이 적어서는 안 되는 것입니다. 금후부터는 갑사의 직임을 잡류(雜類)에게 주지 말고, 더 선출하여 수효를 충당하는 것이 어떠하겠습니까."

하고, 또 아뢰기를,

"서울의 조성 감역 관리(造成監役官吏)는 모두 상직을 주었사온데, 성을 축조하는 데 이르러서는 무너지면 벌은 있어도 상전이 없사오니, 견고 정치(精緻)하게 축조한 자에게는 자급을 올려 이를 상주게 하옵소서."

하니, 임금이 말하기를,

"경의 말은 좋은 이야기다. 마땅히 대신들과 다시 상의하리라."

하였다. 또 아뢰기를,

"신이 집에 있을 때는 계달하올 일을 많이 품고 있었사온데, 노병(老病)한 데다가 또 잊기를 잘해서 다 진달하지 못하옵니다."

하니, 임금이 말하기를,

"생각이 나거던 계달하고, 혹 글로 써서 대내로 들여보내도 좋다."

하였다. 윤덕이 이로부터 들어오기만 하면 반드시 성보의 축조와 변방의 방비책을 계달하였는데, 윤덕이 나가매, 임금이 여러 승지들에게 이르기를,

"세 번(番)의 갑사(甲士)를 두 번(番)으로 만들고, 한 번(番)을 각기 1천 5백 명으로 하면, 식량이 더 소비될 것도 같으나, 시위를 어찌 작은 일로 보겠느냐. 중국에서는 언제나 4만 명의 병력을 기

르고 있는데, 우리 나라는 본시 중국에 비의(比擬)해서 할 수는 없으나, 1천 5백 명의 녹봉이야 그다지 어렵겠는가."

하였다.

○ 세종 16년(1434) 5월 29일 을사(세종실록 64권): 파저강 야인 등에 대한 방어 대책을 논의하다

정사를 보았다. 임금이 말하기를,

"내가 들으니 파저강(婆猪江)의 야인이 유리 사산(流離四散)하여 그 남아 있는 자가 몇이 없다 한다."

하니, 우의정 최윤덕(崔閏德)이 아뢰기를,

"백두산(白頭山) 북쪽의 어시랑굴(於時郎窟) 등의 곳이 한적하게 비어 있어 살 만하오니, 생각건대, 반드시 거기로 옮겼을 것이옵니다. 지난 병신년에 왜적(倭賊)이 쳐들어와서 의창(義昌) 등 7고을이 모두 왜적에게 함락되었사옴은 견고한 성(城)이 없기 때문이었습니다. 신의 생각으로는 하삼도(下三道)는 비록 겨울철이라 하더라도 춥지 아니하오니, 이 가을철과 겨울철에 연변(沿邊)의 주·군(郡)에 모름지기 성(城)을 쌓도록 하시오면 편의하겠나이다. 서북면에는 자성(慈城) 등 몇 곳에 성을 이미 쌓았사오나, 그 나머지 쌓지 못한 여러 읍도 이를 쌓게 하시어 뜻밖에 생기는 변(變)에 대비하시옴이 합당하겠나이다. 고려(高麗) 때에는 모두 흙을 쌓아 성으로 삼았사온데, 한갓 민력을 썼을 뿐 공효(功效)가 없었습니다. 우리 나라에서는 성을 쌓을 만한 돌이 없는 곳이 없사오니, 마땅히 돌성(石城)을 쌓아서 영구히 내려가게 하옵소서. 또 성을 쌓을 군인은 날짜를 한정하여 역사에 나아가게 하고, 한정한 날짜가 지나면 놓아 보내옵소서. 저 군인들은 모두 부지런히 힘써 하지 아니

하고 유유(悠悠)히 세월을 보낼 뿐이옵니다. 신이 바라옵건댄, 경작하는 것의 많고 적음에 따라 군을 모집하여 성을 쌓을 터전(基址)을 자(尺)로 재어서 나누어 주고, 그 터전에 성을 다 쌓으면 곧 놓아 보내되, 쌓을 날짜 수를 한정하지 아니하오면, 저들이 반드시 각각 힘을 다할 것이옵니다. 때에는 치란(治亂)이 있는 법이옵니다. 이제 태평한 때에 견고하게 성을 쌓음은 자손 만대의 계책을 위하여 매우 다행한 일이라 여겨지옵니다. 종사가 천년을 가는 동안에 불행하게도 어질지 못한 임금이 있게 되오면, 비록 이를 쌓으려 하여도 쌓지를 못할 것이오니, 백성의 굴혈(窟穴)은 늦출 수가 없는 것이옵니다. 또 파저강 등의 곳은 한적하게 비어 살만하오나, 마침내는 반드시 한지(閑地)로만 있지 않을 것이옵니다. 올적합(兀狄哈)이 혹시 와서 거주한다면 이는 바로 강적(强敵)이오라 혹 신하로 삼을 수 없을는지도 염려되오니, 원컨대, 이만주(李滿住)의 무리를 후대하여 이들로 하여금 편안히 모여 살게 하여 우리의 번리(藩籬)를 삼으시고, 올적합의 소식을 전하게 하옵소서"
하니, 임금이 말하기를,

"그렇다. 파저강의 야인이 가을철과 겨울철에 반드시 와 조회(朝會)할 것이니, 따라서 후대하는 것이 진실로 좋은 계책(良策)이겠다."
하였다. 윤덕(閏德)이 물러 나가니, 임금이 승지들에게 이르기를,

"최 의정(崔議政)이 날짜 수를 한정하지 말고 백성에게 역사를 시키라는 방책이 어떠한가."
하니, 안숭선 아뢰기를,

"한정된 날짜를 세워서 역사시키는 법은 진실로 바꾸지 못할 영정(令典)이옵니다."
하매, 임금이 말하기를,

"군인은 한갓 일수만 허비하여 진력(盡力)하지 않는 자가 있을 것

이니, 기일을 헤아려 역사에 나아가게 하고 다 쌓은 뒤에 놓아 보내라. 만일 한정한 날짜 안에 주었던 성토(城基)를 모두 쌓았다면 곧 놓아 주어, 군인으로 하여금 각각 진력하게 함이 편할 것이다."

하였다.

○ 세종 16년(1434) 6월 1일 병오(세종실록 64권): 강계 등지에 석성을 쌓는 문제 등의 국경 방어 문제를 논의하다

도승지 안숭선(安崇善)에게 명하여 의정부에 가서 영의정 황희(黃喜) 등과 정사를 의논하게 하였다.

1. "강계(江界)로부터 만포(滿浦)에 이르기까지는 90여 리(里)요, 만포로부터 허련(許憐)까지는 30여 리인데, 그곳에 사는 백성은 겨우 3백여 호(戶)이다. 겨울철을 당할 때마다 늙은이를 부축하고 어린이를 끌어다 강계로 들어와서 지내는데, 가산(家産)을 탕진하게 되어 백성들이 매우 괴롭게 여기니, 만포 구자(滿浦口子)의 목책(木柵)을 헐어 치우고 다시 석성(石城)을 쌓아, 마땅히 근처에 사는 백성들로 하여금 들어가서 안전하게 살도록 하고 환란을 피하게 하여, 본부로 왕래하는 폐단을 덜게 하는 것이 어떻겠는가."

하니, 황희 등이 의논하기를,

"하교하신 대로 시행하소서."

하고, 최윤덕(崔閏德)은 의논하기를,

"저번에 참의(參議) 박곤(朴坤)이 자세히 살펴보고 와서 말하기를, '그 땅에는 물이 없어 성을 쌓기에 마땅하지 못하다.'고 하였사오니, 다시 성터를 살핀 연후에 그곳에 석성을 쌓음이 편하겠나이다."

하였다.

1. "이산(理山)으로부터 봉화대(烽火臺)까지는 1백 20여 리이고, 도을한(都乙漢)이 60리, 통건(通巾)이 60이, 산양회(山羊會)가 90여 리로, 이같이 멀리 떨어진 곳에 사는 백성들을 본군에 들어가게 하여 보호하자면, 길이 멀고 왕래가 수고로워 백성들이 심히 괴로워하니, 중앙인 신채리(新寨里)에다 석성을 쌓아서 여러 해 동안 본군(本郡)에 왕래하던 폐단을 없애는 것이 어떻겠는가."
하니, 모두가 아뢰기를,

"도을한(都乙漢) 봉화대(烽火臺)는 강계부(江界府)나 만포 구자(滿浦口子)와는 거리가 그리 멀지 않사오니, 두 곳에 나누어 입보(入保)함이 마땅하옵고, 통건(通巾)·산양회(山羊會)는 본군과 거리가 격절(隔絶)하므로, 역시 중앙인 신채리(新寨里) 등처에다 성터로서 합당한 곳을 순찰사(巡察使)로 하여금 살펴보게 한 연후에 성을 쌓아 입보(入保)하게 하여 민폐를 덜게 하소서."
하였다.

1. "삭주(朔州)로부터 창성(昌城)에 이르기까지 1백여 리인데, 겨울철을 당할 때마다 삭주 절제사(朔州節制使)가 군마(軍馬)를 거느리고 창성(昌城)에 부방(赴防)하게 되니, 그 폐단이 적지 아니하였다. 이제부터는 삭주 절제사를 창성에 옮기고, 창성 지군(昌城知郡)을 삭주로 옮겨, 서로 바꾸어 임명함이 어떨까."
하니, 황희 등이 아뢰기를,

"삭주와 창성을 서로 바꾸어 임명하자는 일은 그 의논이 이미 오래 되었사오나, 그러나, 대체로 변진(邊鎭)을 설치함에 있어, 비장(裨將)을 전후 좌우(前後左右)에 있게 하고, 원수(元帥)를 가운데에 있게 하는 것은, 사방에 급함이 있게 되면 원수가 즉시 군사를 거느리고 사방으로 나가 구원(救援)하게 하기 위함이니, 이는 고인(古人)이 진(鎭)을 설치한 본의(本意)이옵니다. 이제 삭주(朔州)와 창성(昌

城)에 포치(布置)한 형세도 반드시 이 때문이라 생각되는데, 만일 장차 바꾸어 임명하려면, 먼저 사람을 시켜 그곳에 가서 편의한지 아니한지를 살피게 한 연후에 시행함이 옳겠나이다."

하고, 맹사성 등은 의논하기를,

"하교하신 대로 시행하소서."

하였다.

1. "갑산(甲山)과 여연(閭延)의 거리는 9일이 넘는 노정(路程)이고, 갑산과 삼수(三水)가 갈리는 곳으로부터 무로(無路)에 이르기까지는 2일이 넘는 노정이며, 무로(無路)로부터 여연(閭延) 지경에 이르기까지도 2일이 넘는 노정이니, 그 사이에 사는 백성들이 왕래의 폐단에 괴로워할 뿐만 아니라, 그 서로 돕는 뜻에 있어서도 또한 어긋난다. 그러니, 중앙인 무로 지방에 따로 현읍(縣邑)을 둠이 어떻겠는가."

하니, 모두가 아뢰기를,

"오는 8, 9월 사이에 사람을 보내어 두 고을의 상거(相距)와 도로의 원근(遠近), 거민(居民)의 다소와 경지(耕地)의 유무를 살피게 하여, 만일 경작할 만한 땅이 많이 있으면 다른 고을의 인민을 요량하여 적당히 옮겨 들여보낸 뒤에야 현(縣)을 설치함이 옳겠나이다."

하였다.

1. "연변(沿邊)의 백성이 월경(越耕)하여 생활의 근거로 삼고 있는 것은 그 유래가 오래다. 연전에 토벌(討伐)한 뒤에 최윤덕(崔閏德)이 헌의(獻議)하기를, '토벌한 지 얼마 되지 않은 이때에 이제까지 분(忿)을 품고 원망하고 있는데, 만일 넘어가서 경작하는 것을 금하지 않으면 그들에게 피해(被害)를 입을 것이오니, 월경(越耕)을 금함이 옳겠나이다.' 하므로, 내가 그 의논을 따라 월경을 금하게 하였더니, 이제 들으니 변빈(邊民)이 월경(越耕)하지 아니하면 생계

가 곤란하여, 백성들이 모두 탄식한다 하니, 월경(越耕)의 편의(便宜) 여부를 여럿이 의논하여 아뢰라."

하니, 모두가 아뢰기를,

"월경을 허락하는 것을 빠른 듯하오니 아직은 그만두시고, 귀순(歸順)을 기다린 뒤에 변해 가는 것을 보아 경작을 허락하여도 늦지는 않을 것입니다."

하였다.

1. "옛날에는 변방에 수자리 사는 군민(軍民)을 가엾이 여겨 구휼할 뿐 아니라, 또한 의복을 주어 그들의 노고를 위로하였다. 본국은 남쪽으로는 섬나라 왜인과 이웃하고, 북쪽으로는 야인과 연접하여, 모두가 방어(防禦)에 있어 매우 긴요한 곳인데, 남방으로 말하면 왜구(倭寇)가 빈복(賓服)하여 방어를 약간 늦추었으나, 북방으로 말하면 야인의 형세가 항복(降服)한 듯하나 마음으로 성심껏 복종하지 아니하고 있으니, 방어가 가장 긴절하고, 사졸(士卒)도 고되고 지쳤으니 마땅히 의복을 내려 줄 것이나, 형세가 이를 감당하기 어려웠다. 우선은 남방에서 만들어 매달 바치는 군기(軍器)의 수를 감하고 덜어서 북방 군사에게 옮겨 주어 사사로이 간직하게 함이 어떻겠는가."

하니, 모두가 아뢰기를,

"구전 군사(口傳軍士)로 말하오면, 군기를 관에서 받고 새 것과 헌 것을 바꾸어 주는 것이 그 유래가 오래 되었사온데, 어찌 또 반드시 내려 주어야 되겠나이까. 장수 및 부방(赴防)하는 대소 수령들에게는 군기를 내려 주시되, 새 것과 헌 것을 바꾸어 주기로 항식(恒式)을 삼으소서."

하였다.

1. "병조에서 아뢰기를, '본조의 공신 자손으로서 평상시의 잡

범(雜犯)은 모두 다 원면(原免)하였사오니, 공신의 후예를 대접함이 가위 두텁다 하겠사오나, 그러나, 군정은 엄중히 하지 않을 수 없고, 사졸은 훈련하지 않을 수 없습니다. 그러므로, 매양 대열과 강무(講武)를 당할 때마다 군령을 범한 자는 공신의 후예 여부를 물을 것 없이 모두 다 죄를 처단함은《육전(六典)》에 실려 있사오니, 이는 군법(軍法)을 중히 여기고 사졸을 가르치는 소이가 되는 것이옵니다. 그들이 평상시에 군령을 범하는 일이 있으면, 비록 원종 공신(原從功臣)의 후예라 하더라도, 그들을 또한 죄를 면하여 주어 징치(懲治)하는 바가 없으면, 이는 모두 군사를 훈련하는 뜻이 아니옵니다. 신 등이 삼가 율문의 은폐차역조(隱廢差役條)를 상고하옵건대, 이르기를, 「공신이 죄를 숨기는 것을 허용한 자는, 초범(初犯)이거든 죄는 면하고 부과(附過) 하며, 재범(再犯)은 봉급의 반만을 지급하고, 삼범은 봉급의 전액을 지급하지 않으며, 사범은 율문에 의하여 논죄한다.」 하였사오니, 이제부터는 이 율문에 의거하여, 공신의 후손으로 평상시에 군령을 범한자는 초범은 면죄하되 부과하고, 재범도 역시 이와 같이 하며, 삼범은 현임(現任)이면 파직하고, 전함(前銜)이면 비록 마땅히 관직을 받아야 할 차례일지라도 한 차례를 건너 서용(敍用)하지 말고, 사범이면 혹은 편형(鞭刑) 3, 40도(度), 혹은 1, 20도를 치되, 그 범한 죄의 경중(輕重)을 따라서 죄를 매겨 군법을 엄중히 하소서.' 하였는데, 어떠한가."
하니, 모두가 아뢰기를,

"진실로 마땅하옵니다."

하였다.

1. "수차 경차관(水車敬差官)이 아뢰기를, '관개(灌漑)에 공이 있는 수령(守令)과 감고(監考)에게 상을 주라.'고 하였는데, 이를 어떻게 처리할 것인가."

하니, 모두가 아뢰기를,

"비록 별다른 효험(効驗)이 없다 할지라도 이미 교지(敎旨)가 있었사오니, 하번 갑사(下番甲士)의 결원(闕窠)이 있으면 품급에 따라 서용하시와, 신의를 백성에게 보여 타도(他道)의 백성의 권장하게 하소서."

하매, 임금이 말하기를,

"공신 자손의 논죄(論罪)와 수차 논상(水車論賞)의 조항은 아뢴 바에 따라 그대로 시행할 것이나, 국경 연변에 사는 백성의 월경 조항과 북방을 방어하는 군졸에게 군기를내려 주는 조항은 아직 정지하고, 기타의 네 조항은 모두 여러 사람의 의논에 의하여 병조로 하여금 법을 세우도록 하겠다."

하였다. 또 의논하기를,

"김원생(金元生)은 고(故) 사정(司正) 이지번(李之番)의 아내인 김씨(金氏)의 종(婢)의 남편이다. 김씨가 원생의 소생 노비 약간 명을 보증(保證)을 세워 문계(文契)를 만들어 원생에게 주어 대대로 서로 전하면서 영원히 부리도록 하였으나, 원생이 저의 소생을 자손에게 상전(相傳)하면서 부리는 것은 이치에 없는 일이라고 하여 이를 공주에게 보내 주니, 아무 까닭 없이 남에게 받는 것은 매우 불가하다고 하여 신해년에 대신에게 의논하였더니, 모두가 아뢰기를, '이를 받아도 무방하다.'고 하였으나, 정초(鄭招)만은 홀로 말하기를, '받지 아니함이 정당하다.'고 하므로, 내가 초의 의논을 따라 이를 받지 말도록 하였는데, 이제 다시 생각하니 원생의 소생인 노비를 이미 그 처의 주인에게서 받았으되, 또 이것을 다투는 자가 없었고, 또 원생의 처 사촌(妻四寸) 노비는 본궁에서 부리고 있으니 이를 받아도 무방할까 한다."

하니, 황희 등이 아뢰기를,

"이를 받아도 무방하옵니다."

하므로, 임금이 말하기를,

"알았노라."

하였다.

○ 세종 16년(1434) 7월 13일 무자(세종실록 65권): 볏곡의 수해 풍해로 인한 피해 여부를 묻고 각도의 성곽 관리자를 세우다

정사를 보았다. 임금이 말하기를,

"금년에 경기에서는 흙비(霾雨)가 비록 오랫동안 내렸으나, 큰 수해(水害)는 없었고, 충청·전라·경상 세 도는 이때에 수재의 보고가 없으나, 북쪽 지방의 일이 깊이 근심스럽다. 금년은 장마가 매우 심하여 벼농사를 상하게 하였으니, 내가 심히 염려한다."

하니, 우의정 최윤덕이 아뢰기를,

"신도 들으니 북쪽 지방에는 비가 꽤 많이 왔다고 하옵는데, 대저 북쪽 지방은 논이 적고 산전이 많아서, 그 심한 비로 인하여 곡식이 싹이 심히 성기었으나, 그 무성한 여부는 이때에 듣지 못하였습니다."

하였다. 임금이 말하기를,

"함길도에 물로 손실된 전지가 이미 1천여 결(結)이라고 보고하니, 이미 손실된 것은 그만이거니와, 그 손실되지 않은 것도 그 나중 일을 알지 못하겠다."

하니, 윤덕이 아뢰기를,

"볏곡이 혹은 풍해(風害)를 입고, 혹은 수해를 입어서, 패고도 결실하지 못한 것이 많으니, 풍년을 예기할 수는 없습니다. 아직 8월 20일을 기다린 뒤에야 그 결실을 알게 될 것입니다."

하였다. 윤덕이 또 아뢰기를,

"이제 국가가 태평한 날이 오래 되었으니, 마땅히 한가한 때에 미쳐, 원컨대, 성곽(城郭)을 쌓아 나라의 터전을 튼튼하게 하옵소서. 새와 짐승도 오히려 보금자리(巢穴)가 있어 외적(外敵)을 방어하옵거든, 하물며 사람이오리까. 예로부터 국가의 치란(治亂)은 무상하오니, 후세에 오늘과 같은 거룩한 정치를 하지 못하는 수가 있게 될지 어찌아오리까. 후세에 이르러 거룩한 임금이 나지 아니하고, 또 어진 신하가 없으면 어찌 능히 오래 편안하오리까. 변경에 성을 쌓는 일은 만세의 장구한 계책을 위함이오니, 늦출 수 없습니다."

하니, 임금이 말하기를,

"내가 경의 뜻을 알았다."

하였다. 이때에 임금이 자못 갑병(甲兵)과 성곽의 일에 뜻을 두어, 충청·전라·경상 세 도의 성곽은 형조 판서 정흠지로 맡게 하고, 함길도의 성곽은 호조 참판 심도원으로 맡게 하고, 평안도의 성곽은 호조 참판 박곤(朴坤)으로 맡게 하였다.

○ 세종 16년(1434) 7월 27일 임인(세종실록 65권): 성을 쌓는 군민을 관리하는 문제를 논의하다

우의정 최윤덕·형조 판서 정흠지 등이 의논하여 아뢰기를,

"1. 이 앞서 성을 쌓을 때에 날수를 한정하여 백성을 부렸기 때문에, 각 고을의 무식한 감고(監考)·군인(軍人)들이 전혀 일을 부지런히 하지 아니하고 기한 되는 날만 기다리니, 이로 인하여 경상도 내상(內廂)·연일(延日)·곤남(昆南) 등 각 고을의 성보(城堡)를 경인년에 시작하여 이제 5년을 지나도 아직 쌓기를 마치지 못하였

사오니, 실로 타당하지 못하옵니다. 그 연변 각 고을의 성보는 우선 평안도와 함길도의 성을 쌓는 예에 의하여 부역하는 날수를 한정하지 말고, 각 고을 군인의 많고 적은 것을 요량하여 성터를 나눠 주어, 성을 쌓아 마칠 때까지 한정하고 감사와 도절제사로 하여금 순행하여 감찰하게 할 것이고, 1. 육지의 각 고을 인민들은 스스로 저의 양식을 싸 가지고 멀리 와서 다른 고을의 성을 쌓는 일에 나가게 하므로, 폐가 진실로 적지 하니하오니, 그 고을의 성보는 타관의 군인을 부리지 말고 각각 경내(境內)의 경작하는 바의많고 적음을 요량하여 성터를 나눠 주어, 그 일이 마치기를 한정하고 해마다 쌓게 할 것이며, 1. 남쪽 바다의 섬에는 백성이 많이 살아서 성을 쌓음에 이르렀는데, 홀로 지키는 관리를 두지 아니하였으니, 만일 왜적의 변이 있어 통제하는 사람이 없으면 진실로 온당하지 못하오니, 수령을 두는 것의 적당한 여부를 순행해 살피게 하옵소서."

하니, 그대로 따랐다.

○ 세종 17년(1435) 3월 28일 경자(세종실록 67권): 평안도 방어를 위하여 인민을 입주시키는 문제를 논의하다

상참을 받고 정사를 보았다. 임금이 말하기를,

"평안도의 방어는 고식지계(姑息之計)가 아닌즉 만대의 영구한 계획이어야 할 것이다.이제 타도의 사람들을 이에 입주시키고자 하나, 인민을 이주시킨다는 것은 중대한 일이므로 삼가서 하지 않을 수 없다. 어떻게 하면 합당하겠는가."

하니, 좌의정 최윤덕(崔閏德)이 아뢰기를,

"강계(江界)·여연(閭延) 등 10여 고을은 전토가 많아서 오히려 타도의 사람들을 이주시켜 살게 할 수 있사오나, 백성들을 강제로 이주시키면 혹시 백성들의 원망이 생기지 않을까 하옵니다."

하매, 임금이 말하기를,

"나도 의당 숙의(熟議)해서 시행하려니와, 경도 역시 이를 숙의하여 아뢰라."

하였다. 윤덕이 평안도 지역의 폐단스런 일들을 진달하기를,

"그 하나는 군관(軍官)의 늠료(廩料)가 박하고, 또 하나는 병기(兵器)가 정(精)하지 못하며, 다른 하나는 토관(土官)이 적임자가 아니었습니다."

하매,

"이와 같은 폐단이 있는 일들은 의당 빨리 계달하였어야 할 것인데, 어찌하여 오늘에 이르렀단 말인가."

하니, 윤덕이 아뢰기를,

"신이 늙고 둔하여 매사를 잘 잊어버리기 때문입니다."

하였다. 윤덕이 또 아뢰기를,

"예로부터 안위(安危)란 때를 타고 서로 바뀌는 법입니다. 오늘은 비록 편안하다 하더라도 후일의 위태로울 것을 어찌 알겠습니까. 도랑을 깊이 파고 성을 높이 쌓아 방어를 견고히 하면, 만대라도 의외의 사변이란 없을 것입니다."

하였다.

○ 세종 17년(1435) 4월 13일 갑인(세종실록 68권): 좌의정 최윤덕이 비변 사의를 아뢰다

처음에 좌의정 최윤덕(崔閏德)이 비변 사의(備邊事宜)를 아뢰었는데,

"1. 평안도의 수영(水營)이 모두 병선(兵船)을 정박(碇泊)할 곳이

없어서 항상 배를 육지에 두니, 작은 배를 만들어서 띄워 정박시켜 두고, 선군(船軍)은 감하고 육지의 진(鎭)을 둘 것.

1. 평안도의 한산인(閑散人)에게 활쏘기와 말타기를 시험하고 마필(馬匹)을 점고하여 토관(土官)을 제수하고, 고신(告身)을 받거든 곧 직책을 갈고 패(牌)를 지어 윤차로 방어(防禦)하게 하고, 공로를 헤아려서 번갈아 서용(敍用)할 것.

1. 평안도의 대령(大嶺)과 험한 길을 수리할 것.

1. 강계(江界)·여연(閭延) 등 각 고을의 성지(城池)에 거듭 황지(隍池)를 팔 것.

1. 화포와 화살이 모두 쓰지 못하게 되었으니 공장(工匠)을 보내어 고쳐 만들 것.

1. 서울과 각도의 군기(軍器)와 화살을 개조하는 것을 제외하고는 새로 만드는 화살은 양식에 의하여 제조할 것.

1. 평안도 각 고을의 수령들이 건장하고 실한 사람을 뽑아서 감고(監考)니, 서원(書員)이니, 일수(日守)니 하는 등류의 명칭을 붙이어 항상 따라다니게 하고, 잔약하고 용렬한 사람으로 군액(軍額)에 충정(充定)하여, 이 때문에 방수(防戍)가 허소(虛疎)하니, 금후로는 그 수령으로 하여금 거느려 부방(赴防)하게 할 것.

1. 연변(沿邊)의 수졸(戍卒)들이 먼 길에서 각각 병장(兵仗)을 싸가지고 오기 때문에 운반하기에 곤란하니, 희천(熙州) 이남의 각 고을의 병장을 알맞게 수운하여 연변 고을에 비치하였다가, 임시(臨時)하여 나누어 줄 것.

1. 연변 각 고을에 분치(分置)되어 있는 말을 군사 중에 여러 번 마필을 상실한 자에게 줄 것.

1. 양계(兩界)의 변읍(邊邑)에 튼튼하게 성을 쌓아서 여러 목책(木柵)에 사는 사람들을 겨울이면 읍성(邑城)에 모아 보호하게 할 것.

1. 연변에 성을 쌓는 것이 안쪽에는 작은 돌로 메우기 때문에 쉽게 무너지니, 이제부터는 모두 큰 돌을 쓸 것.

1. 평안도가 근년에 방어로 인하여 철(鐵)을 채취하지 못하니, 그 성을 쌓는 데에 필요한 철을 다른 도에 적당히 배정할 것.

1. 평안도로 하여금 금법(禁法)을 범하여 몰입(沒入)된 잡물(雜物)을 가지고 요동(遼東)에 가서 물소뿔(水牛角)과 진사(眞絲)를 무역하여 각궁(角弓)을 만들게 할 것.

1. 제용감(濟用監)의 포물(布物)을 가지고 요동에서 물소뿔과 진사(眞絲)를 바꾸어 군기감으로 하여금 각궁(角弓)을 제조하게 할 것.

1. 기(旗)와 깃대를 될 수 있는 대로 경쾌(輕快)하게 하고, 깃대의 양끝에 칼날을 박을 것.

1. 갑옷을 만들 때에 소매를 짧게 하여 되도록 경쾌하게 할 것.

1. 각도 각포(各浦)의 병선을 두세 척(隻)만 정박하여 두는 것이 온당치 않으니, 지난 병자년 동래(東萊) 동강(東江)의 일을 감계(鑑戒)로 삼을 것.

1. 무략(武略)이 있는 사람은 화포 쏘는 것을 익히게 하여 여러 도(道)에 나누어 보내어 가르치게 할 것.

1. 전장(戰場)에서 공이 있는 자는 이미 공로를 포상하였지마는, 만일 저쪽은 많고 우리편은 적은데 그 성을 굳게 지키어 능히 적을 물리친 자도 마땅히 상을 줄 것.

1. 각처에 부방(赴防)하고 있는 구전 군관(口傳軍官)의 양료(糧料)를 적당히 증가할 것.

1. 평안도·황해도 직로(直路)의 역마(驛馬)가 지극히 야위고 피곤하였으니, 풀이 자랄 때까지 관가에서 사료의 콩을 줄 것.

1. 양계에 아직 철질려(鐵蒺藜)는 그만두고 먼저 장전(長箭)과 편전(片箭), 화포전(火砲箭)을 만들 것.

1. 병선의 재목은 비변(備邊)에 중요한 것인데, 지금 군자감(軍資監)을 조성하기에 소나무를 많이 소비하니, 사고(瀉庫)를 지을 것 같으면 소비를 생략할 수 있을 것이요, 또 유사(攸司)로 하여금 갯수를 참작하여 정하되, 장단(長短)과 광협(廣狹)은 제한하지 말고 벌채하는 대로 수납하게 할 것.

1. 궁궐과 중외(中外)의 아문(衙門)이 거의 완비되었으니, 이제부터는 급하지 않은 공사와 긴요하지 않은 역사는 일체 정지하여 파하고, 오로지 백성을 기르고 변방을 방비하는 것으로 일을 삼을 것입니다."

하니, 명하여 병조에 내려 세 의정(議政)과 더불어 의논하게 하매, 의논하여 아뢰기를,

"다른 조목은 모두 아뢴 것에 따르고, 오직 수군(水軍)을 감하고 육진(陸鎭)을 두자는 조목은, 해적을 제어하는 데는 선군(船軍) 같은 것이 없으니 예전 그대로 하는 것이 마땅하고, 작은 배로 고쳐 만들자는 조목은 그 도의 감사로 하여금 편부(便否)를 널리 물어서 계문(啓聞)하게 한 뒤에 다시 의논하고, 도로를 수리하자는 조목은 연변의 성보(城堡)가 완비되고 거민들이 정착되기를 기다린 연후에 하고, 수령이 수졸(戍卒)을 거느리고 부방(赴防)하게 하자는 조목은 고을 사무가 폐이(廢弛)될 염려가 있고, 다른 고을 수령인들 어찌 지완(遲緩)될 걱정이 없겠습니까. 다만 잔약하고 용렬한 사람으로 군액에 충당하는 것은 감사와 도절제사로 하여금 엄금하게 하여, 어기는 자는 중한 죄로써 논하고, 각 고을의 성을 안쪽과 바깥쪽을 똑같이 축조하자는 것은 박곤(朴坤)의 아룀으로 인하여 이미 일찍이 함께 의논하여 수교하였사오니, 이미 이루어진 규식(規式)에 의하여 시행하고, 각도 병선의 조목은 전함(戰艦)을 더 설치하는 것이 이익이 되기는 하나, 배를 탈 군사가 그 액수를 채

우기 어려워서 지금 각 포구에 아직도 빈 배가 많으니, 아직은 예전대로 하는 것이 마땅하고, 성을 보존하여 적을 물리친 자를 포상하자는 조목은 양편 군사가 맞붙으면 기정(寄正)028) 과 허실(虛實)이 천태만상이고, 존망(存亡)과 성패(成敗)가 호흡(呼吸) 사이에 있거니와, 만일 단단한 성에 웅거하면 한 사람이 백 사람을 당할 수가 있으니, 싸우고 지키는 것의 어렵고 쉬운 것이 원래가 같지 않으니 일체로 공을 의논할 수가 없고, 그 중의 특이한 자만을 적당히 포상을 가하고, 군관의 양료와 역마의 요두(料豆)에 대한 조목은 호조로 하여금 마감하게 하고, 군자감(軍資監)을 짓는 재목을 참작하여 정하자는 조목은 이미 일찍이 정지되었으니, 만일 후년에 부득이하여 벌채하게 되거든 임시하여 유사로 하여금 갯수와 장단·대소를 정하여 시행하게 하소서."
하니, 그대로 따랐다.

○ 세종 17년(1435) 6월 18일 무오(세종실록 68권): 최윤덕이 강계와 벽동 성을 쌓는 일에 관해 아뢰다

좌의정 최윤덕(崔閏德)이 아뢰기를,

"금년 가을에 강계(江界)와 벽동(碧潼) 성을 쌓는 데에 필요한 쇠는 황해도(黃海道)로 하여금 각각 3천 근을 주게 하고, 여연(閭延)·자성(慈城)·이산(理山)·창성(昌城)·의주(義州) 등의 성으로서 퇴락한 곳과 낮은 곳을 또한 수축하게 하고, 인하여 사면에 모두 녹각성(鹿角城)을 베풀고 입보(入保)하는 사람은 잡역(雜役)을 없애고 입보(入保)에 대한 여러가지 일만을 하게 하고, 잡곡(雜穀)이 성숙하여 수확하게 되거든 매장(埋藏)하거나 혹은 성안으로 실어 들이고, 또 말은 꼴을 베어서 성밑 가까운 데에 쌓아 두고, 성안에 흙을 채우

는 축조는 얼음이 얼기 전에 하여야 합니다."

하니, 그대로 따랐다.

○ 세종 17년(1435) 6월 24일 갑자(세종실록 68권): 최윤덕이 병을 이유로 사직하니, 윤허하지 않다

좌의정(左議政) 최윤덕(崔閏德)이 전(箋)을 올려 사직하니, 그 말에 이르기를,

"하늘이 높으나 듣는 것은 낮아서 반드시 하고자 하는 바를 따르고, 공(功)은 적은데 상(賞)은 후하니 오래 있기 어렵습니다. 이에 낮은 생각을 피력하여 감히 명감(明鑑)을 더럽히옵니다. 가만히 생각하옵건대, 의정의 직책이란 실로 용렬한 자가 참여할 것이 아닙니다. 지위는 백료(百僚)의 머리가 되고 서무(庶務)를 통리(統理)하오니, 국가의 주석(柱石)이요, 인주(人主)의 고굉(股肱)이옵니다. 진실로 적합한 인재가 아니오면 한갓 나라를 미란(迷亂)하게 할 뿐이니, 위로는 잘못 들어 쓴 실수를 면치 못할 것이요, 아래로는 역시 재능이 없으면서 직책을 받았다고 비방을 할 것입니다. 우리 태조(太祖)께서 개국하신 이래로 이 직책에 있었던 사람은 대개가 고금을 통달하고 원훈(元勳) 석덕(碩德)이어서, 능히 계옥(啓沃) 의 책임을 다하고 국가의 광휘를 빛내었습니다. 신과 같은 자는 무문(武門)에서 자라나서 문학에는 아는 것이 없습니다. 대강 손자(孫子)·오자(吳子)의 병법을 익혔고, 주공(周公)·소공(召公)의 서여(緒餘)는 엿보지도 못하였습니다. 도리어 분촌(分寸)의 공로로서 거듭 균축(鈞軸)의 귀함을 더하셨습니다. 사윤(師尹) 의 덕은 백성의 첨앙(瞻仰)에 합당하지 않고, 위청(衛靑) 의 공은 다만 임금의 천행(天幸)으로 말미암은 것입니다. 차서 넘치면 지키기가 어렵고, 고극(高

極)하고 궁극(窮極)하면 반드시 재앙이 오는 것입니다. 지난번에 사유를 갖추어 직사(職事)를 면하여 주기를 청하였사오나 허락하심을 받지 못하였사오니, 한갓 황공할 뿐이옵니다. 일찍이 두 돌을 넘지 못하여 또 좌의정으로 승진되었는데, 명령을 들은 뒤에 입은 은총을 감당하기 어려웠습니다. 균축(鈞軸)에 당한 지 3년에 매양 음양(陰陽)에 어그러졌사옵고, 오랑캐를 북쪽 변방에서 막았사오나 사시(蛇豕)의 완악한 해독을 없애지 못하였습니다. 비록 우악(優渥)하신 은혜를 탐하려 하오나 스스로 광관(曠官) 의 조롱을 받게 될 것입니다. 자신을 꾸짖어 책함이 이와 같사오니 바깥의 말을 알 수 있습니다. 또 신이 약한 나이(弱齡)로부터 군려(軍旅)에 복무하여 항상 이질(痢疾)을 앓아 고질이 되었습니다. 약물은 털끝만치도 효과가 없고 병뿌리는 더욱 장부(臟腑)에 깊어졌습니다. 그러므로, 간절한 말씀을 피로(披露)하여 천의(天意)를 돌이키시기를 구하오니, 엎드려 바라옵건대, 크게 이명(離明) 을 비추시고 넓게 건단(乾斷) 을 내리시어, 신이 일찍이 병에 걸렸으면서도 직무에 종사하는 것을 불쌍히 여기고, 신이 사양(辭讓)을 가식(假飾)하여 이름을 구하는 것이 아님을 살피시어, 보상(輔相)의 책임을 면하도록 허락하시고 다만 안무(按撫)의 권한으로 위임하옵시면, 신이 삼가 마땅히 수레를 급히 몰아 융사(戎事)에 임하기를 기약하고, 숭호(崇呼)를 본받아 헌수(獻壽)하겠나이다."

하였다. 임금이 비답(批答)하여 윤허(允許)하지 않고 말하기를,

"대개 들으니 장상(將相)의 직책은 반드시 내외의 권한을 겸한다. 들어오면 고굉(股肱)의 관사(官司)에 있고, 나가면 번병(藩屛)의 부탁에 응한다. 그러므로, 대신의 거취(去就)는 한 나라의 안위(安危)에 관계된다. 오직 경(卿)은 웅강(雄剛)·용지(勇智)의 자품을 타고났고, 개제(愷悌) 하고 자상(慈祥)한 덕을 품었다. 대대로 산서(山西)

의 장수 가 되어서 위엄이 변방 밖의 오랑캐에게 떨쳤다. 어모(禦侮)와 절충(折衝)은 일찍이 손(孫)·오(吳) 전략을 전수하였고, 같은 마음으로 정사를 돕는 것은 어찌 주(周)·소(召) 의 충성에 부끄러우랴. 지난번에 전구(旃裘) 가 변방을 소요하게 하여 곧 부월(鈇鉞)을 짚고 나가서 문죄(問罪)하였다. 먼저 백승(百勝)의 계책을 세우고 곧 만전(萬全)의 공을 거두었으니, 이것이 어찌 분촌의 작은 공로리오. 실로 구산(丘山) 같은 위대한 공적이다. 발탁하여 태정(台鼎)에 두어서 포창하고 가상(嘉尙)함을 보이었고, 인하여 간성(干城)을 삼아 더욱 의뢰하고자 하였다. 겸양(謙讓)을 굳게 하여 지키는 것이 있으니 어찌 차서 넘치는 것을 근심하랴. 정권(鈞軸)을 잡은 기간이 비록 3년을 지냈으나 곤외(閫外)의 임무를 나눈 날짜가 또 반은 차지하였다. 하물며, 내가 위임하기를 바야흐로 융성하게 하는데 어째서 사면하기를 두 번에 이르는가. 음양이 차서(次序)를 잃은 것은 실로 과인(寡人)의 몸에 말미암은 것이요, 변방에 근심이 없는 것은 길이 어진 보필(輔弼)에 힘입은 것이다. 어찌 소찬(素餐) 의 조롱을 받으랴. 모두 고기를 먹어도 계략이 있음(肉食之謀)을 장하게 여긴다. 비록 폭로(暴露)의 고생으로 인하여 드디어 전면(髟綿)의 고질(固疾)을 가져왔으나, 다행히 상유(桑楡)가 늦지 않았으니 약물로 고칠 수가 있다. 나라뿐이요 집은 잊으니, 장차 병든 몸을 싣고 나가는 것을 꺼리지 않을 것이요, 앉아서 도(道)를 의논하니 또한 묘당(廟堂)의 체모에 무슨 손색이 있는가. 힘써 권권(眷眷)하는 생각에 좇아 다시 직사에 돌아오도록 하라."

하였다.

○ 세종 17년(1435) 7월 27일 병신(세종실록 69권): 좌의정 최윤덕과 이세형 등이 하직하니, 불러 변방의 일을 의논하다

평안도 도안무 찰리사(都安撫察理使)인 좌의정 최윤덕(崔閏德)과 종사관(從事官)인 대호군(大護軍) 이세형(李世衡) 등이 하직하니, 임금이 사정전에서 불러 보고 변경(邊境)의 일을 물어 의논하고, 또 도승지 신인손(辛引孫)을 명하여 다시 의논하도록 했는데,

"1. 평안도의 방어(防禦)는 가장 긴요하기 때문에 염려하지 않을 수가 없어서, 병조 참판 황보인(皇甫仁)을 보내어 연변(沿邊) 토지의 비옥하고 척박한 것을 순시(巡視)하게 하고, 이사한 백성이 일정하게 거주하여 영구히 방어에 충실하고 있는 것과 거주하는 백성이 겨울철에 들어가서 지키는 것이 편리한가 편리하지 못한가를 겸해 살피고자 하니 어떠한가.

1. 야인이 여연을 두 번 침범했는데, 그 전사의 공로 있는 사람을 혹은 토관(土官)이든지 혹은 하번 갑사(下番甲士)의 관직 중에서 그들의 소원에 좇아 적의(適宜)한 데에 따라 포장하여 관직을 주고, 뒷사람을 권장하는 것이 어떠한가.

1. 여연군(閭延郡)을 군민(郡民)의 소원에 따라 칭호를 더하는 것이 어떠한가.

1. 금년은 평안도의 도순검사(都巡檢使)를 정지시키고 안무사(安撫使)로 하여금 겸임하여 규찰하도록 하는 것이 어떠한가."

하니, 윤덕이 아뢰기를,

"성상의 명령이 모두 진실로 마땅합니다."

하였다. 〈임금이〉 또 윤덕에게 명하기를,

"이 앞서 평안도의 토관(土官)은 천호(千戶)는 나장(螺匠) 2명을 거느렸고, 백호(百戶)는 체임(遞任)한 후에 차첩(差貼)을 회수하지 않

는 것이 이미 격례(格例)가 되었는데, 박규(朴葵)가 감사(監司)로 임명되었을 때는 천호는 거느린 나장(螺匠)을 없애 버리고, 백호는 체임(遞壬)하자 곧 차첩(差貼) 을 회수했으니, 그 당시에 계달하고 나서 이 법을 만들었는가. 다시 상고하여 아뢰도록 하라."
하였다.

○ 세종 17년(1435) 10월 3일 신축(세종실록 70권): 연변의 적의 방비에 대한 최윤덕의 상서

평안도 도안무사 최윤덕(崔閏德)이 상서(上書)하기를,

"연변(沿邊) 지방은 민가가 빽빽히 들어섰는데도, 토지가 비고 넓은 곳은 목책(木柵)을 배치하여 봄철의 경작을 당해 장사들에게 둔치게 하고 병기(兵器)를 만들게 하였으니, 밤에는 돌아다니면서 수비하고, 낮에는 높은 곳에 올라 먼 곳을 바라보아 적의 움직이는 기세가 없어야 그들에게 명하여 농사를 짓게 하되, 만약 급한 경보(警報)가 있으면 목책의 문을 닫고 둔쳐 지키다가, 추수(秋收) 뒤에 들어와 읍성(邑城)을 지키어 뜻하지 않은 변고에 대비하게 하고, 그 민가(民家)가 적고 전야(田野)에 돌이 많아서 목책을 설치하지 못할 만한 곳은, 그들을 깊숙한 땅에 옮겨 들이게 하여 좀도둑의 환(患)을 대비하게 하소서."
하였다.

○ 세종 18년(1436) 4월 2일 무술(세종실록 72권): 최윤덕이 국방을 정비할 것을 아뢰다

정사를 보았다. 좌의정 최윤덕(崔閏德)이 아뢰기를,

"준비가 있어서 걱정이 없게 하는 것이 실로 국가가 먼저 해야 할 일입니다. 우선 우리 나라 일로 말하더라도, 신라의 말기와 고려의 말기에는 해구(海寇)와 산융(山戎)이 변경을 침략해서 거의 편할 때가 없었던 것은 모두 위태로움을 잊고 방비를 하지 않았던 때문이오니, 성과 보루(堡壘)는 진실로 쌓아야 될 것입니다. 혹은 고담준론(高談峻論)으로 말하기를, '지리(地利)가 인화(人和)만 못하다.'는 자가 있사오니, 엎드려 바라옵건대, 사수감(司水監)의 예에 의하여 사를 두어서 그 일만 전장(專掌)하게 하고, 연변의 각 관원은 매년 농사짓는 여가에 백성의 물자가 많고 적은 것을 헤아려 보고, 성벽의 크고 작은 것을 계산해서 점차로 쌓아서 걱정됨이 없게 준비하게 하면, 어찌 한때의 좋은 일이겠습니까. 실로 만대의 장구한 계책일 것이며, 또 군기도 역시 날카로와야 될 터이온데, 근자에 나라가 태평한 것만 믿고 수리하지 아니하고 그럭저럭 지내기를 여러 도가 모두 마찬가지오니, 또 바라옵건대, 경차관을 나누어 보내서 병기를 정련(精鍊)하게 하여 불우(不虞)에 대비하오면, 나라에 심히 다행한 일입니다."

하였다.

○ 세종 18년(1436) 9월 6일 무술(세종실록 74권): 평양 외성을 수축하는 것을 정지하게 하다

영중추원사 최윤덕(崔閏德)이 의논을 올리기를,

"근년 이래로 평안도의 백성들은 혹은 정역(征役)에 나가고 혹은 변성(邊城)을 수축하여, 휴식하는 해가 없으므로 그 노고를 견디지 못합니다. 평양의 옛 성터는 기자(箕子) 때부터 비로소 쌓았는데 그 후에는 다시 수축한 때가 있었다는 말을 듣지 못했으나,

백성들이 편안히 살고 있습니다. 만약 장맛비가 너무 많이 오게 되면 강물이 불어 넘쳐서, 대동문(大同門)으로 물이 들어와서 황구문(皇毬門)으로 흘러 나가게 되오니, 이제 비록 수축하더라도 수재(水災)는 막을 수가 없습니다. 만약 성이 변경(邊境)에 있다면 진실로 그만둘 수가 없지마는, 변경에 있지도 아니한데, 이제 와서 수축하는 것은 이것이 이른바 긴급하지 않은 역사(役事)라고 하겠습니다. 평양 한 부(府)의 백성을 노역(勞役)시키는 것도 오히려 옳지 않거든, 하물며 이웃에 있는 몇 고을의 백성들까지도 노역을 시키는 것이겠습니까. 원컨대, 평양 외성(外城)을 수축하는 역사를 정지시켜 백성의 힘을 휴식케 하여, 변경에 뜻밖의 변고가 일어날 때를 대비하게 함이 실로 타당하고 이로울 것입니다."

하였다. 즉시 평안도 감사에게 전지하기를,

"그 때의 사정을 참작하여 금년에 반드시 수축하여야 할 것이라면 이를 수축하고, 만약 그다지 긴급하지 않은 것이라면 아직은 정지하여 본도(本道)의 백성을 휴식시키게 하라."

하였다.

○ 세종 20년(1438) 9월 10일 신묘(세종실록 82권): 최윤덕이 면천 산성보다 서천성을 먼저 쌓을 것을 상언하니 의논하여 면천 읍성을 먼저 쌓기로 하다

영중추원사(領中樞院事) 최윤덕(崔閏德)이 상언하기를,

"이제 면천 산성(沔川山城)은 그 내부가 험하고 또 크다는 이유로 읍성(邑城)으로 개축하고 있습니다. 대저 면천 밖에는 좌도 도만호(左道都萬戶), 파지도 만호(波知島萬戶), 탄지도 만호(灘知島萬戶), 대진 만호(大津萬戶)와 태안(泰安)·서산(瑞山)·당진(唐津) 등의 각 고을의 포구가 해문(海門)에 포열해 있어서, 비록 적변(賊變)이 있다 하더라

도 가장 먼저 적의 침투를 받을 곳은 아니오니, 잠정적으로 읍성으로 개축하지 말게 하시고는 다시 조관을 파견하여 심정(審定)한 연후에 이를 쌓게 하시고, 서천(舒川)의 성은 적로(賊路)의 첫 길목이고 또 이미 축조를 시작하였으니, 금년에 축조를 끝내게 하시는 것이 어떠하옵니까."

하니, 병조로 하여금 이를 의정부와 함께 같이 의논하게 하였다.

세종실록 82권, 세종 20년 9월 10일 신묘 2번째기사 1438년 명 정통(正統) 3년최윤덕이 면천 산성보다 서천성을 먼저 쌓을 것을 상언하니 의논하여 면천 읍성을 먼저 쌓기로 하다

영중추원사(領中樞院事) 최윤덕(崔閏德)이 상언하기를,

"이제 면천 산성(沔川山城)은 그 내부가 험하고 또 크다는 이유로 읍성(邑城)으로 개축하고 있습니다. 대저 면천 밖에는 좌도 도만호(左道都萬戶), 파지도 만호(波知島萬戶), 탄지도 만호(灘知島萬戶), 대진 만호(大津萬戶)와 태안(泰安)·서산(瑞山)·당진(唐津) 등의 각 고을의 포구가 해문(海門)에 포열해 있어서, 비록 적변(賊變)이 있다 하더라도 가장 먼저 적의 침투를 받을 곳은 아니오니, 잠정적으로 읍성으로 개축하지 말게 하시고는 다시 조관을 파견하여 심정(審定)한 연후에 이를 쌓게 하시고, 서천(舒川)의 성은 적로(賊路)의 첫 길목이고 또 이미 축조를 시작하였으니, 금년에 축조를 끝내게 하시는 것이 어떠하옵니까."

하니, 병조로 하여금 이를 의정부와 함께 같이 의논하게 하였다. 영의정 황희(黃喜) 등은 의논하기를,

"먼저 면천(沔川)을 쌓고 뒤에 서천(舒川)을 쌓는다는 공의가 이미 정해졌음에도, 이제까지 아직 쌓지 않는 이유는 다만 성기(城基)가 정해져 있지 않고 또 흉년으로 말미암은 것이지, 면천이 위급하지 않다고 하여 그리하는 것이 아닙니다. 대저 산성이란 위

급한 사태가 있을 때만 쓰고 평상시에는 그다지 쓰지 않는 까닭에, 오르내리면서 출입하는 것을 백성들은 모두가 싫어하고 꺼리는 법이온대, 금번 순무사(巡撫使) 조말생(趙末生)이 인민들의 소망에 따라 이미 읍성의 기지를 확정하고 또 병기도 갖추었으며, 뿐만 아니라 민력을 동원할 시기까지 박두하였는데, 갑자기 서천으로 옮겨 사역한다는 것은 진실로 불가한 일입니다. 대개 면천 산성에 있어서는 3, 4인의 대신들이 각기 자기의 소견을 고집함으로써 의논이 분분하여 결정을 보지 못했던 것이어서, 비록 조관을 보낸다 하더라도 반드시 정하기 어려울 것으로 추상되오며, 또 각도 주·현(州縣)에 읍성이 있고도 산성이 있는 데가 자못 많사오니, 이제 면천 읍성을 다 쌓고서도 혹 감당하기 어려운 적변이 있으면 다시 산성을 쌓아 사변에 대응하는 것이 어떠하겠습니까."

하고, 우의정 허조(許稠)는 의논하기를,

"전자에 신이 계본(啓本)을 본즉, 읍성은 곧 면천 인민들이 자원하는 바이며, 또 물과 샘이 있으나 산성은 물과 샘이 핍절되어 있다고 하옵기에, 신이 전일 헌의하여 계본에 의해 하옵시기를 청하였던 것입니다. 이제 최윤덕의 상언에 거의 다 쌓은 산성을 철폐 파기할 수는 없다고 하였으니, 그윽이 생각하건대, 노장(老將)의 말은 아마도 그의 소견이 있을 것으로 아옵니다. 신은 생각하옵기를, 물이 족하고 부족하다는 말이 오늘에 와서 비로소 제기된 것인지, 아니면 산성(山城)을 처음 한 곳에다 정할 때에 이미 있었던 것인지요. 산성을 처음 정할 때에 만일 물이 부족하다는 말이 있었다면 반드시 이 성을 취택하지 않았을 것이며, 그때 물이 풍부하였다면 오늘에 와서 갑자기 부족하게 될 수는 없는 일이므로, 이것이 의심스럽다는 것입니다. 물과 샘이 있고 없는 것은 하루 이틀의 경고로는 징험될 바가 아닌지라, 조말생이 어찌 능히 이를 알았겠습니까. 마땅히 사람을 보내어서 다시 심찰하여 정하게 하옵소서."

하고, 좌찬성 신개(申槪)는 의논하기를,

"면천의 읍성과 산성의 어느 것이 온당한 것인지 알 수 없으므로, 멀리서 이를 추측해 헤아리기란 어려운 것입니다. 그러나 서천은 해구(海口)와 가까워서 바로 충청도에서는 적을 받는 첫 길목이 될 것입니다. 적의 배가 전라도로부터 올 것 같으면, 바닷길로는 반드시 제일 먼저 서천으로 와서, 비인(庇仁)·남포(藍浦)·홍주(洪州)·서산(瑞山)·태안(泰安) 등지를 거쳐 당진(唐津)·면천까지 도달할 것이니, 최윤덕의 헌의는 진실로 그 선후 완급(先後緩急)의 이치를 얻은 것입니다. 당초에 의논할 때 서천을 뒤에 하고 당진·면천을 먼저 하기로 한 것은 그 뜻을 알지 못하겠사오나, 만약 서천에의 축성의 제반 일이 기간 내에 가능하다면, 먼저 서천을 하고 뒤에 면천을 하는 것이 사의(事宜)에 합당할 것 같습니다."

하니, 황희 등의 헌의에 따랐다.

○ 세종 22년(1440) 3월 1일 계묘(세종실록 88권): 영중추원사 최윤덕이 변방 연해지역의 비변책을 올리다

영중추원사(領中樞院事) 최윤덕(崔閏德)이 상언(上言)하기를,

"신이 외람하옵게 재주가 없이 제도(諸道)를 역임(歷任)하여 분주히 왕복하였사와, 무릇 주·부·군·현(州府郡縣)과 연해 각처(沿海各處)의 도로의 원근과 산천의 험하고 평탄함과, 군민(軍民)의 기뻐하고 슬퍼함과 군기(軍機)의 완급(緩急)을 거의 상세하게 알 수 있습니다. 그러므로 감히 어리석은 말(瞽言)로써 여러 번 천총(天聰)을 번거롭게 하였사온데, 왕왕(往往)이 윤허하심을 입사와 더욱이 신

의 마음에 감격함을 일으키었나이다. 신은 이제 이미 늙었사옵고 또 의모(義母)의 병이 날로 심하와 조석(朝夕)에 근심이 있사오나, 또 관견(管見)의 몇 가지 말씀을 조목별로 진술하오니, 엎드려 바라옵건대, 성재(聖裁) 있으시오면 노신(老臣)의 소원이 이보다 더한 것이 없겠나이다.

1. 함길도 4진(鎭) 근처에 머물러 사는 야인들을 요동(遼東) 동녕위(東寧衛)에 의하여 반월성(半月城)을 쌓아서 들어와 살게 하여 은택을 베풀어서 어루만지면, 저들도 역시 인심(人心)이 있는 자이오니 어찌 은혜에 감격하여 보답하기를 생각하지 아니하겠습니까. 종내는 반드시 우리 나라의 백성이 될 것은 틀림이 없을 것입니다.

1. 평안도 자성(慈城)의 서해 만호소(西海萬戶所)는 삼면(三面)이 모두 높은 산이고 북면(北面)의 한 길만이 강을 면하고 있사오니, 저 도적들이 만약 작은 배를 가지고 갑자기 강을 건너면, 인민들이 창졸(倉卒)히 피란(避亂)할 땅이 없습니다. 지영괴(池寧怪)는 좌우에 모두 넓은 땅이 있사온데, 길이가 60여 리나 되어서 자못 경작할 만한 땅이 있사오니, 마땅히 서해 만호영(西海萬戶營)을 이곳으로 옮기면 매우 편익(便益)할 것입니다.

1. 강계(江界)의 정부인대(鄭夫人垈)는 삼면이 모두 험하고 단지 일면만이 적을 대하게 되오니, 마땅히 신성(新城)을 축조하여 연강(沿江)의 근방 백성들로 하여금 동절(冬節)에 입보(入保)하게 하오면, 둔수(屯戍)에 편하여 먼 땅에서 양식을 가져오는 괴로움이 없을 것입니다.

1. 이산(理山)에 입보(入保)하는 민가(民家)는 혹은 백여 리도 되고, 혹은 90리나 되므로, 왕래하는 폐해가 적지 아니하오니, 마땅히 산양회(山羊會)·나하곡(羅下谷)·동천(童遷)·앙토(央土)·이통건(伊

通巾) 등지를 일소(一所)로 하고, 수의동 내외(修義洞內外)·도을한(都乙漢) 등지를 일소(一所)로 하고, 중앙에다 소보(小堡)를 설치할 만한 곳을 다시 조사하게 하여 포치(布置)해서, 동절(冬節)에 읍성(邑城)으로 입보하는 폐단을 제거하소서.

1. 의주(義州) 지면(地面)의 청수(淸水) 등지는 소삭주(小朔州)·대삭주(大朔州)와 구주(龜州)·안의(安義)·정녕(定寧)·각로(各路)의 통행(通行)의 중앙지(中央地)요, 바로 송골산(松骨山) 이북의 요동(遼東)·개원(開原)·홀라온(忽刺溫) 등 여러 길이 폭주(輻輳)하는 곳인데다, 또 큰 진(鎭)이 동떨어져 멀므로 구원(救援)이 미치기 어렵사오니, 마땅히 정녕을 이곳에 옮기어 진수(鎭戍)하는 곳을 삼으소서. 만약 이같이 하오면 수어(守禦)하기가 편하여 이로움이 많을 것입니다.

1. 신이 측문(側聞)하오니, 평안도에 새로 들어가 사는 자와 오래 살던 인민이 도망한 자가 퍽 많다 합니다. 이는 반드시 그런 까닭이 있는 것이니 진실로 염려스럽습니다. 마땅히 다시 방문(訪問)하여 그 생업을 번성하게 하소서.

1. 경상·전라도의 여러 섬(島)과 곶(串) 안에는 평안·함길도의 예(例)에 의하여 천호(千戶)·백호(百戶)를 임명하고, 또 바닷가의 성(海州城)을 쌓아서 방어에 대비하게 하시와, 왜인이 들어와 침략하는 해(害)가 없게 하시고, 인민이 깊이 곶 안에 들어가 있사오나, 농사를 짓느라고 왕래할 때에 도적이 더욱 두렵사오니, 역시 소보(小堡)와 목책(木柵)을 설치하고 천호·백호로 하여금 영솔하고 경작하게 하는 것이 또한 편익(便益)하옵니다.

1. 신이 일찍이 5도(道)의 해변(海邊) 각 고을을 두루 다니면서 보았사온데, 각 고을이 모두 바다를 등진 곳에 있습니다. 이제 듣자오니, 고흥 신진(高興新鎭)은 바다에서 30여 리나 떨어진 땅에 있다 하옵니다. 만일 위급함이 있사오면 인민이 노략당할까 염려되

오니, 마땅히 다시 살펴보아서 바다에 임(臨)한 요해처(要害處)에 설치하여 방수(防守)를 엄하게 하시고, 진도군(珍島郡)도 역시 이 예(例)에 의하여 시행하게 하소서.

1. 야인(野人)과 왜노(倭奴)가 모두 보복(報復)할 마음을 품고 있사오니, 각도 각처의 성(城)을 불가불 쌓아야 할 것이오나, 이 무리들이 이미 화포(火砲)를 쓰지 못하오니 비록 옹성(甕城)과 적대(敵臺)를 없애도 가할 것입니다. 옹성의 길이는 5, 60척(尺)에 지나지 않는 것이온데, 다만 성문(城門)에 설치할 뿐이오나, 적대 같은 것인즉 매 3백 척마다에 세 개의 적대를 설치하오니, 그 수가 매우 많습니다. 하물며 쌓는 데에 소용 되는 것이 오로지 연석(鍊石)이니, 공역(工役)이 더욱 어렵습니다. 마땅히 모두 없애 버리고 빨리 다 쌓게 하소서. 이같이 하오면 민력(民力)을 덜게 되어서 사공(事功)이 쉬 이루어질 것입니다. 연해(沿海)의 군현(郡縣)마다 당당(堂堂)한 금성(金城)이 우뚝 서 있사오면, 저들이 비록 보복할 마음이 있더라도 어찌 능히 해롭게 하겠습니까."

하니, 병조에 내리었다.

○ 세종 27년(1445) 12월 5일 갑진(세종실록 110권): 영중추원사 최윤덕의 졸기 국역원문.원본 보기

영중추원사(領中樞院事) 최윤덕(崔閏德)이 졸(卒)하였다. 윤덕의 자(字)는 백수(伯脩)이니 양장공(襄莊公) 최운해(崔雲海)의 아들이었다. 음직(蔭職)으로 벼슬에 전보(塡補)되었고, 병자년에 아버지를 따라 영해(寧海)의 반포(磻浦)에서 왜적을 쳐서 적을 쏘아 연이어 죽였다. 경진년에 태종(太宗)이 역마로 불러서(驛召) 접견하고, 인하여 반포(磻浦)에서 적(賊)을 쳐부순 상황을 묻고 훈련관(訓鍊觀)에 사진(仕進)

할 것을 명하고, 이튿날 본관(本觀)의 부사직(副司直)을 제수하였다. 임오년에 낭장(郎將)으로 뛰어올라 호군(護軍)을 제수받고, 이듬해에 대호군(大護軍)에 승진하여 아버지의 상중(喪中)에 있었는데, 기복(起復)을 명하였다. 병술년에 나가서 지태안군사(知泰安郡事)가 되고, 정해년에 불러서 대호군(大護軍)을 제수하였다. 경인년에 무과(武科)에 합격하고, 이듬해에 특별히 우군 동지총제(右軍同知摠制)를 제수하고, 조금 뒤에 나가서 경성(鏡城) 등지의 절제사(節制使)가 되었는데, 동맹가첩목아(童孟哥帖木兒) 등이 그 사어(射御)에 능함을 탄복하였다. 을미년에 영길도(永吉道) 도순문찰리사(都巡問察理使)로 고쳐 제수하고, 조금 있다가 우군 총제(右軍摠制)에 옮기었다. 무술년에 중군 도총제(中軍都摠制)에 승진하고, 이듬해에 의정부(議政府) 참찬(參贊)을 제수하였다. 태종(太宗)이 장수를 명하여 대마도(對馬島)를 치는데, 유정현(柳廷顯)으로 삼군 도통사(三軍都統使)를 삼고, 윤덕으로 도절제사(都節制使)를 삼아 가서 독려하게 하였다가 공조 판서(工曹判書)로 옮기고, 계묘년에 나가서 평안도 도절제사가 되었다. 만기가 되어 체임되게 되었는데, 임금이 특별히 유임(留任)을 명하고 말하기를,

"변경(邊境)에 변(變)이 있으니, 경이 아직 진(鎭)에 있어서 안정되기를 기다리라."

하였다. 을사년 가을에 다시 참찬(參贊)으로 소환되고, 이듬해에 판좌군도총제부사(判左軍都摠制府事)에 승진하였다. 무신년에 병조판서(兵曹判書)에 옮기고, 경술년에 판중군 도총제부사(判中軍都摠制府事)가 되었으며, 기유년에 명하여 충청(忠淸)·전라(全羅)·경상도(慶尙道)의 도순찰사(都巡察使)로 삼아 주현(州縣)의 성터(城基)를 살펴 정하였다. 임자년 겨울에 파저강(婆猪江) 이만주(李滿住)가 여연(閭延)에 입구(入寇)하여 인민을 죽이고 노략하므로, 계축년 정월에 특별

히 다시 평안도 도절제사로 삼아서 이를 치기를 명하였다. 4월에 윤덕이 여러 장수를 거느리고 군사를 나누어 가서 쳐서 베고 잡은 것이 퍽 많았다. 5월에 발탁하여 의정부(議政府) 우의정(右議政)을 제수하였다. 뒤에 도적이 다시 와서 변경을 소요하므로, 명하여 도안무사(都安撫使)를 삼아 평안도(平安道)에 가서 진무(鎭撫)하게 하였다. 갑인년 봄에 스스로 무장(武將)이라 하여 전문(箋文)을 올려 의정(議政)을 사면(辭免)하였으나, 윤허하지 않고, 이듬해 봄에 좌의정(左議政)에 승진하였다. 여름에 다시 전문(箋文)을 올려 정부(政府)는 사면하고 다만 안무(安撫)의 직임만을 행할 것을 빌었으나, 또 윤허하지 않았다. 병진년에 영중추원사(領中樞院事)가 되었다. 경신년에 계모(繼母)의 상중(喪中)에 있었고, 복(服)이 끝나매 다시 영중추원사를 시켰다. 갑자년에 나이가 70세에 가까와서 사직하였으나, 윤허하지 않았다. 을축년 11월에 궤장(几杖)을 내렸는데, 이때에 병으로 심히 위독하였다. 일어나서 명(命)을 배수(拜受)하려 하니, 자제(子弟)들이 말리며 말하기를,

"병환이 위태하니 움직여서는 안 됩니다."

하매, 윤덕이 정색(正色)하고 말하기를,

"내가 평생에 동료를 접하더라도 오히려 병으로 예(禮)를 폐하지 않았거늘, 하물며 임금이 주시는 것이겠는가."

하고, 병을 참고 일어나 관대(冠帶)하고 나가서 맞이하여 당하(堂下)에서 배수(拜受)하고, 도로 들어가서 누웠다. 임금이 의원을 보내어 병을 묻고 은사(恩賜)가 중첩하였다. 유명(遺命)으로 신불(神佛)의 일을 하지 말고 치상(治喪)을 검소하게 하라 하고, 이때에 이르러 죽으니 나이 70이었다. 임금이 매우 슬퍼하여 조회를 3일 동안 폐하고, 예관(禮官)을 명하여 조상하고 치제(致祭)하였으며, 미두(米豆) 70석과 종이 1백 권을 부의(賻儀)하고, 관(官)에서 장사(葬事)

를 지내 주고, 시호(諡號)를 정렬(貞烈)이라 하였으니, 청백(淸白)하게 절조(節操)를 지키는 것이 정(貞)이요, 공(功)이 있어 백성을 편안히 한 것이 열(烈)이었다. 윤덕은 성품이 순진하고 솔직하며, 간소하고 평이하며, 용략(勇略)이 많아서 일시(一時)의 명장(名將)이 되었다. 그 아우 최윤복(崔閏福)·최윤온(崔閏溫)·최윤례(崔閏禮)를 혼인시키기 전에 아버지가 죽었으므로, 자기 집에 모아 길러서 모두 혼수를 마련하여 혼인하게 하고, 토지와 노비를 밀어 주었다. 다만 일찍이 군기감(軍器監) 제조(提調)가 되어서 별군(別軍)을 사역시켜 집을 지었는데, 사람들이 비난하였다. 아들은 최숙손(崔淑孫)·최경손(崔敬孫)·최광손(崔廣孫)·최영손(崔泳孫)이었다.

○ 세종 28년(1446) 1월 17일 을유(세종실록 111권): 영중추원사 최윤덕에게 제사를 내리다

영중추원사(領中樞院事) 최윤덕(崔閏德)에게 제사를 내리(賜祭)니, 그 제문에 이르기를,

"나라를 경륜(經綸)하고 임금을 보좌하는 일은 반드시 밝은 재상(宰相)에게 힘입게 되고, 적(敵)의 예봉(銳鋒)을 꺾고 외모(外侮)를 막는 일은 훌륭한 장수에게 힘입게 된다. 옛날부터 나라가 잘 다스려지게 됨은 모두 그렇지 아니함이 없었는데, 완전한 인재(人才)에 이르러서는 그런 사람이 드물게 있었다. 경(卿)은 타고난 자질이 영민(英敏)하고 굳세었으며, 마음가짐은 충성하고 정직하였다. 경사(經史)로써 도왔으니 더욱 견식(見識)이 컸었다. 옛날 선조(先朝)에 있을적엔 알면 시행하지 않는 것이 없었으니, 매양 시종(侍從)을 맡아서 힘써 잠규(箴規)를 진언(進言)하였도다. 과궁(寡躬)을 섬김에 미쳐서도 시종(始終) 한결같은 지성(至誠)이었도다. 밖에 나가서

나 안에 들어와서나, 혼자 노고하여 나라의 정간(楨幹)이 되었도다. 동쪽으론 바다의 도적을 정토(征討)하고, 북쪽으론 야인(野人) 오랑캐를 쳐서 국경을 소탕해 평정하니, 백성이 힘입어 편안하게 되었도다. 나아와서 정승의 자리(台司)에 있게 되매 나라의 모범이 되었는데, 중추부(中樞府)로 옮겨서 성령(性靈)을 수양하게 하였도다. 장차 오래 살아서 서정(庶政)을 함께 도모하려고 생각하였는데, 어찌 갑자기 이 한 병(病)에 일어나지 못할 줄을 알았으랴. 동량(棟樑)이 꺾어지고 간성(干城)이 무너졌도다. 하늘이 억지로 남겨 두지 않으니, 나의 슬픔이 어찌 그치겠는가. 아아, 죽고 사는 기한은 진실로 면할수 없지마는, 사후(死後)의 영화로운 일은 마땅히 휼전(恤典)을 갖추어야 될 것이다. 이에 예관(禮官)에게 명하여 한 잔의 술을 올리게 하노니, 혼령이 있거든 와서 흠향하기를 바란다."

하였다.

○ 문종 1년(1451) 11월 12일 병오(문종실록 10권): 최윤덕·이개·이수로 세종대왕께 배향할 신하로 정하다

전일에 의정부(議政府)와 육조(六曹)에서 세종 대왕(世宗大王)에게 배향(配享)할 신하를 의논하여 아뢰니, 곧 맹사성(孟思誠)·최윤덕(崔閏德)·허조(許稠)·신개(申槩)·안순(安純)·이수(李隨) 등이었다. 이때에 이르러 임금이 사정전(思政殿)에 나아가 도승지(都承旨) 이계전(李季甸)을 인견(引見)하여 좌우를 물리치고 취사 선택을 비밀히 의논하여서 곧 최윤덕·허조·신개·이수로 정하였다. 또, 말하기를,

"생존한 신하도 또한 배향을 의논할 것인가? 사후(死後)에 의논할 것인가?"

하니, 이계전이 대답하기를,

"신이 듣기로는 송(宋)나라 때에는 대신이 훙(薨)한 날에 제서(制書)를 내려서 배향을 정하였다 하고, 살았을 때에 의논하여 정하였는지의 여부는 아직 듣지 못하였습니다."

하였다. 임금이 말하기를,

"전일에 옛 제도를 상고하였더니, '생시(生時)에 의논하여 정(定)하였다.'는 말이 있었다. 다시 상고하여 아뢰어라."

하고, 또 말하기를,

"지금 배향하는 신하들은 모두 앞으로 공신(功臣)을 삼을 것인가?"

하니, 대답하기를,

"세종조(世宗朝)에는 국가에서 무사(無事)하여 공을 세울 바가 없었는데, 어찌 배향(配享)하였다고 하여 공신이라 일컫겠습니까?"

하였다. 임금이 말하기를,

"이수(李隨)가 배향에 끼인 것은 어떠한가?"

하니, 대답하기를,

"이수는 병조 판서(兵曹判書)로 졸(卒)하였으니, 무슨 업적이 있겠습니까? 그러나, 세종 대왕께서 어렸을 때부터 이수에게서 글을 배웠습니다. 세종 대왕께서 30여 년간 정치의 아름다움을 이룬 것은 모두 학문 속에서 나왔으니, 그 공이 큽니다. 의정부(議政府)에서 거애(擧哀) 하지 아니한 것이 아니라, 1품직이 아니면 예장(禮葬) 할 수 없는 것이 예입니다. 이수는 2품직으로 졸하였으나 세종 대왕께서 백관(百官)을 거느리고 거애하셨고, 또 명하여 예장하도록 하였으니, 세종 대왕께서 대접하심이 또한 중하였습니다. 배향하는 것이 마땅합니다."

하였다. 임금이 말하기를,

"선왕께서 자주 이수의 일을 말씀하셨으니 배향하는 것이 옳다."

하고, 또 말하기를,

“선왕 때에, 명하여 별감(別監)을 저자로 보내어 그 간사(奸詐)한 것을 금하게 하시던 일을 너는 들었는가?”

하니, 대답하기를,

“명하여 별감을 보내어 저자의 물가(物價)의 경중(輕重)을 살피게 한 일은 신도 들었으나, 아직 별감이 몸소 스스로 고찰(考察)하였다는 것은 듣지 못하였습니다.”

하였다. 임금이,

“이제 별감을 저자로 보내어 그 간사한 무리를 체포하고 금하는 것이 어떠한가?”

하니, 대답하기를,

“이 일은 유사(有司)의 일이지 임금이 하여야 할 바는 아닙니다.”

하니, 임금이 말하기를,

“알았다.”

하였다.

○ 문종 2년(1452) 2월 12일 병자(문종실록 12권): 최윤덕에게 사제하는 교서

이보다 먼저 황희(黃喜)·허조(許稠)·최윤덕(崔閏德)·신개(申槪)·이수(李隨)를 세종(世宗)의 배향(配享)하는 사람으로 삼았었는데, 이때에 이르러 모두 사당(祠堂)에 사제(賜祭) 하여 배향(配享)한다는 뜻을 유고(諭告)하였다.

최윤덕(崔閏德)에게 내리는 교서(敎書)는 이러하였다.

“적(敵)이 들어옴을 막아 내고 외모(外侮)를 방비하였으니 신하의 큰 훈공(勳功)을 능히 나타내었는데, 덕망을 존숭(尊崇)하고 공로에 보답할 것은 선왕(先王)의 이전(彝典) 을 상고하였다. 이것은 공

공(公共)의 의리이고, 사사로운 은혜에서 나온 것은 아니다. 경(卿)은 장문(將門)에서 나고, 무과(武科)에서 발탁되었다. 용맹은 만인(萬人)의 적(敵)을 호령하고, 식견은 《육도(六韜)》의 기략(奇略)을 통달하였다. 우리 세종(世宗)을 섬겨 임금의 권애(眷愛)를 받아서 조정에 들어와서는 병병(兵柄) 을 맡아서 군사를 통솔하되, 은혜와 위엄으로써 하고, 외직(外職)에 나아가서는 번유(藩維) 를 맡아서 적군(敵軍)을 담소(談笑) 가운데에서 물리쳤다. 몸가짐에는 청검(淸儉)의 덕이 있고, 행군(行軍)하는 데는 기율(紀律)의 엄격함이 있었다. 옛날에 동쪽을 정벌할 때에는, 경(卿)이 부수(副帥)가 되었었다. 진군(進軍)을 하지 않고 앉아서 경상(境上)을 진압하고, 작전 계획에 참여하여 제군(諸軍)들을 지휘하였었다. 북쪽 오랑캐가 침범하게 되니, 변방의 백성들이 편안하지 못했었다. 경(卿)에게 전제(專制) 의 임무를 맡겨서, 우리 문죄(問罪)의 군대를 정돈(整頓)시켰더니, 천의(天意)에 의한 주벌(誅伐)을 봉행(奉行)하여, 진군(進軍)함이 마치 범이 성낸 것처럼 돌진하였다. 여러 더러운 오랑캐를 다 죽이고 적의 소굴(梟巢)을 죄다 소탕하여 뒤집어버렸다. 나라의 위력(威力)을 먼 지방에 드날리고, 백성의 거처를 강토(疆土)에 안정시켰었다. 정승자리에 지위를 승진시키니, 원수(元首)의 고굉(股肱)과 같았으며, 변방에 머물러 지키니 북문(北門)의 방비가 튼튼하여졌다. 나가서는 장수가 되고 들어와서는 재상(宰相)이 되어 국가의 무겁고 가벼운 모든 일에 관여하였다. 전쟁에서 세운 공로를 생각한다면 마땅히 특수한 예우(禮遇)를 받아야 할 것이다. 그러므로 부묘(祔廟)하는 날에, 사당에 시위(侍衛)하는 반열(班列)에 참여하도록 한다. 아아, 처음부터 끝까지 변하지 아니하고 이미 정성을 다하여 선후(先后)를 보필하였으며, 유명(幽明)이 간격(間隔)이 없어 후인(後人)에게 복을 베풀 수 있을 것이다."

최윤덕 장군 유적 현황

【최윤덕 장군 생애와 활동】

연도	활동	비고
고려 우왕 2년(1376)	경상남도 창원에서 최운해와 창원 이씨의 장남으로 출생	
고려 우왕 7년(1381)	어머니 창원 이씨 사망. 양수척에게 양육	
조선 태조 3년(1394)	소과 급제	
태종 2년(1402)	낭장(정6품) 임명	
태종 3년(1403)	호군·대호군 임명(종3품)	
태종 6년(1406)	지태안군사 임명	
태종 10년(1410)	중시 무과 급제, 상호군(정3품) 임명 동북면조전병마사(정3품)임명	
태종 11년(1411)	우군동지총제 임명	
태종 13년(1413)	경성등처절제사, 동맹가첩목아 복속. 영길도도순무찰리사, 우군총제, 중군도총제 임명	
세종 1년(1419)	의정부참찬 겸 삼군도통사 임명. 대마도 정벌	
세종 3년(1421)	공조판서 임명. 서울 성곽보수 정조사 파견 및 평안도절제사 임명	
세종 5년(1423)	평안도절제사 임명	
세종 7년(1425)	의정부 참찬 임명	
세종 8년(1426)	사복시 제조(정2품)겸 좌군도총제부사 임명	
세종 9년(1427)	판좌군부사 임명	
세종 10년(1428)	병조판서 임명	
세종 11년(1428)	충청·전라·경상 삼도 도순문사 임명	
세종 12년(1429)	판중군부사 임명	
세종 14년(1432)	판중추부사 임명	
세종 15년(1433)	평안도도절제사 겸 3군도통사 임명. 이만주 대파. 우의정 특진	무관 최초
세종 16년(1434)	우의정 겸 평안도 도안무찰리사 임명, 여진 격퇴.	
세종 17년(1435)	좌의정 승진	
세종 18년(1436)	영중추원사 임명	무관 최초
세종 20년(1438)	어가수행. 계모 안동 권씨 사망. 3년 시모살이	
세종 24년(1442)	영중추원사로 복직	
세종 27년(1445)	궤장 하사, 사망	
세종 28년 (1446)	세종 정렬공 제문 하사	
문종 즉위년(1450)	세종묘(서울 종묘)에 배향공신으로 제향	

【최윤덕 장군 유적 현황 일람표】

연번	유적명	성격	소재지
1	창원 정렬공 최윤덕묘	분묘유적	경상남도 창원시 의창구 북면 대산리 산8
2	창원 대산리 정숙부인 이씨묘(傳 최운해묘)	분묘유적	경상남도 창원시 의창구 북면 대산리 산8
3	창원 내곡리 최윤덕 장군 유허지	생활유적	경상남도 창원시 의창구 북면 내곡리 1084-1과
4	창원 무동리 최윤덕 장군 생가지	생활유적	경상남도 창원시 의창구 북면 무동리 270전
5	창원 무동리 정승샘	생활유적	경상남도 창원시 의창구 북면 무동리 265-4답
6	창원 삼동동 최상국 정려각	정려	경상남도 창원시 의창구 삼동동 산 17-1
7	서울 종묘	사우	서울특별시 종로구 훈정동 1-2
8	서울 화양정지	건물지	서울특별시 광진구 화양동 110-32
9	장수 최윤덕 부조묘	사우	전라북도 장수군 산서면 오성리 863-1
10	임실 관곡서원	서원	전라북도 임실군 지사면 관기리 208
11	무주 적산산성	관방유적	전라북도 무주군 적상면 북창리 일원
12	해남 대산리 대산사 (구 삼충사)	사우	전라남도 해남군 옥천면 대산리 655-1
13	보령읍성	관방유적	충청남도 보령시 주포면 보령리 일원
14	서천읍성	관방유적	충청남도 서천군 서천읍 군사리 산 3-7
15	문경 소야리 최윤덕 장군 동제	민속	경상북도 문경시 산북면 소야리 일원

유적명	창원 정렬공 최윤덕묘(경상남도 기념물 제121호)		
소재지	경상남도 창원시 의창구 북면 대산리 산8		
시대	조선시대	성격	분묘유적
내용	백월산과 구월산에서 뻗어 내는 능선의 저지에 위치한다. 『新增東國輿地勝覽』 昌原大都護府 塚墓條에 "崔潤德墓 在府北二十里"라고 기록되어 있다. 묘는 초기의 방형묘이며, 규모는 남북 576㎝, 동서 465㎝이다. 묘의 앞에 상석이 있고, 계절은 길이 1m 내외의 화강암제 장대석으로 2단을 축조하였다. 階節의 전방 좌·우측에는 문인석을 세웠다. 장군의 묘소에서 동북쪽 후방으로 약 10m 이격되어 부인 都氏의 묘가 위치하며, 북서쪽으로 약 46m 이격하여 부모 묘와 계모 묘가 조성되어 있다.		

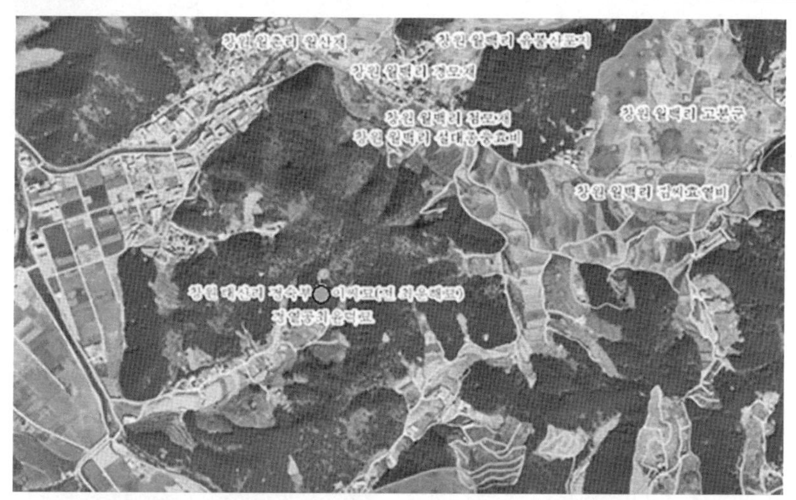

유적명	창원 정렬공 최윤덕묘(경상남도 기념물 제121호)

유적명	창원 정렬공 최윤덕묘(경상남도 기념물 제121호)

<table>
<tr><td>유적명</td><td colspan="3">창원 대산리 정숙부인 이씨묘(傳 최운해묘)</td></tr>
<tr><td>소재지</td><td colspan="3">경상남도 창원시 의창구 북면 대산리 산8</td></tr>
<tr><td>시대</td><td>조선시대</td><td>성격</td><td>분묘유적</td></tr>
<tr><td>내용</td><td colspan="3">경기도 파주시 파주읍 연풍리 호명산에서 확인된 묘를 대산리 사리실 동북쪽 저지대에 있는 최윤덕 묘 뒤편으로 이장하여 처 정숙부인 이씨와 합장하였다. 묘는 방형묘 형태이며, 최근에 놓은 상석과 향로석 묘비가 있고 양 측면에 문인석이 놓여 있다. 비 가운데에는 '兵曹判書贈領議政襄莊公崔雲海將相之墓'이라 새기고 좌우에 '本通川 配貞敬夫人昌原李氏'라 새긴 것으로 보아 최윤덕이 좌의정에 오르게 되어 그의 아버지인 운해장군을 증직하여 세운 것이다.</td></tr>
</table>

유적명	창원 최윤덕 장군 유허지(경상남도 기념물 제145호)		
소재지	창원시 의창구 북면 내곡리 1084-1		
시대	조선시대	성격	생활유적
내용	정승골이라 불리우는 이곳은 현재 과수원으로 이용되고 있으나, 집터의 축대, 초석 등이 확인되고 유물이 채집되었다. 사랑채라고 전해지는 곳은 현재 밭으로 경작되고 있다. 유허지는 출생과 관련한 근거가 명확하지 않아 2015년 내곡리 최윤덕 장군 유허지로 명칭이 변경되었다.		

유적명	창원 무동리 최윤덕 장군 생가지		
소재지	창원시 의창구 북면 무동리 269, 270, 365-4		
시대	조선시대	성격	생활유적
내용	무동마을 인근 섬등 자락 중위에 해당하는 곳이다. 무동마을 일대에는 사랑채와 안채가 있었다고 전해지나. 현재는 과수원으로 개간되어 예전의 모습을 알 수 없다. 현재 정승샘과 개울, 대나무 숲이 남아 있다. 개울은 15년전 큰 산사태와 오룡사의 건립으로 인해 그 폭이 줄어든 상태이다. 주변에서 조선시대 자기편과 도기편, 백자편을 포함하여 다량의 분청사기편이 다량으로 채집되었다.		

유적명	창원 무동리 정승샘		
소재지	창원시 의창구 북면 무동리 265-4		
시대	조선시대	성격	생활유적
내용	무동마을 인근 섬등 자락 중위에 해당하는 곳이다. 무동마을 일대에는 사랑채와 안채가 있었다고 전해지나. 현재는 과수원으로 개간되어 예전의 모습을 알 수 없다. 현재 정승샘과 개울, 대나무 숲이 남아 있다. 개울은 15년전 큰 산사태와 오룡사의 건립으로 인해 그 폭이 줄어든 상태이다. 주변에서 조선시대 자기편과 도기편, 백자편을 포함하여 다량의 분청사기편이 다량으로 채집되었다.		

유적명	창원 삼동동 최상국 정려각		
소재지	경상남도 창원시 성산구 삼동동 산 17-1		
시대	조선시대	성격	정려
내용	정려각은 세종조에 배향된 貞烈公 左議政(사후에 영의정으로 추증) 崔潤德을 기리기 위해 表旌한 것이다. 본래 소답동에 위치하였으나, 지금은 삼동동 충혼탑 서편으로 이건되어 있다. 정려각의 규모는 정면 1칸, 측면 1칸의 건물로 전면에는 문이 없고 측면과 배면에 벽체를 형성했다. 시멘트 기단 위에 원형 초석을 놓고 원기둥을 세웠다. 맞배지붕이며 박공 밑으로 풍판을 단 겹처마 건물이다. 정려각 내에 6판의 重修記와 1판의 移建記, 5판의 현판이 걸려 있는 것으로 보아 여러 차례에 걸쳐 중수, 이건되었음을 알 수 있다.		

유적명	서울 종묘		
소재지	서울특별시 종로구 훈정동 1-2		
시대	조선시대	성격	사우
내 용	종묘는 서울시 종로구 종로에 위치한 조선왕조의 왕과 왕비, 그리고 죽은 후 왕으로 추존되는 왕과 왕비의 신위를 모시는 사당이다. 왕은 사후에 신주와 함께 생전 충신이나 보익에 큰 공로가 있는 사람을 택해 묘정에 배향하고 부제를 지냈는데, 이들을 배향공신이라 한다. 배향공신은 고려시대부터 있었던 제도로, 조선시대에 계승되었다. 배향공신은 사람 수가 정해지지 않고 추배되기도 하였는데, 세종의 배향공신은 황희, 허조, 최윤덕, 신개, 이제(양녕대군), 이보(효령대군), 이수 등 7인으로, 이들 배향공신이 택정된 가문은 전국적으로 명성을 떨쳤다. 종묘 내 배향공신의 묘전은 서쪽의 7祠廟 반대편인 동쪽에 두었다.		

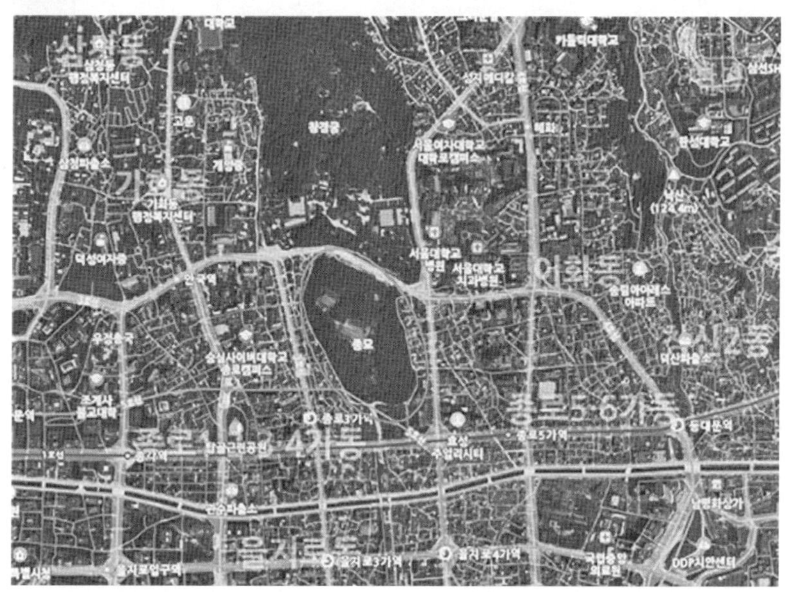

유적명	서울 화양정지		
소재지	서울특별시 광진구 화양동 110-32		
시대	조선시대	성격	건물지
내용	화양정지는 현재 공원으로 이용되고 있으며, 입구에 묘석이 세워져 있다. 화양동 일원은 국가에서 사용하는 말을 기르던 왕실의 목장이자 군사훈련을 하던 곳이었다. 세종때 판중추부사 최윤덕이 어명을 받아 화양정이라는 정자를 지으면서 화양이라는 지명으로 불리게 되었다. 화양정은 4각 정자로서 기둥 둘레가 한아름이 넘었으며, 내부에 100여 칸 이상이어서 규모가 매우 컸고 살곶이목장을 내려다보이는 경관을 지니고 있다고 한다. 화양정의 이름은 세종이 직접 지었다고 전해지는데, 周書에 나오는 歸馬于華山之陽에서 부분을 따서 지은 것이다.		

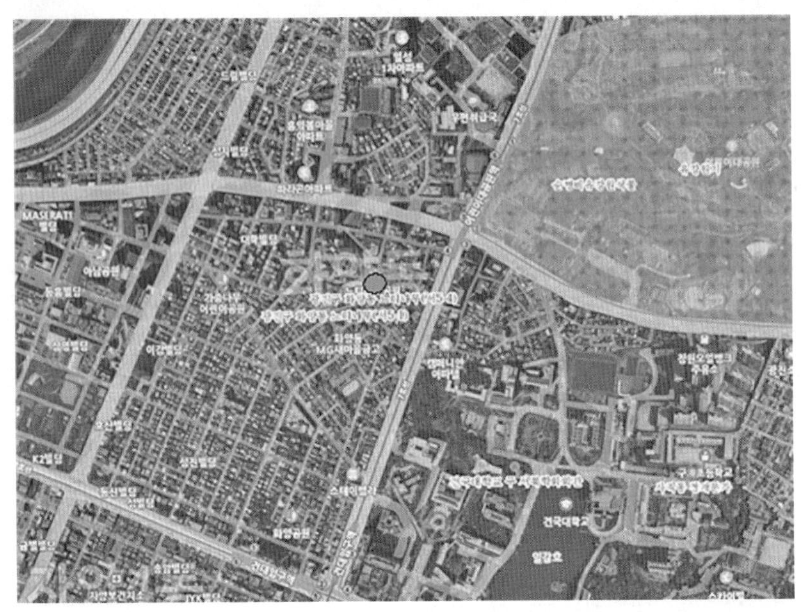

유적명	장수 최윤덕 부조묘(장수군 유형문화재 제16호)		
소재지	전라북도 장수군 산서면 오성리 863-1		
시대	조선시대	성격	사우
내용	不祧廟란 不遷位 제사의 대상이 되는 신주를 모신 사당을 말한다. 최윤덕 부조묘는 원래 경상도 창원부에 있었으나, 최윤덕의 증손 최륜(崔倫)이 이곳에 정주하게 되면서 이건하였다고 한다. 부조묘의 외삼문 위에는 '忠臣大匡輔國崇祿大夫議政府左議政貞烈公崔閏德之閣'이라 쓰여진 현판이 걸려 있다. 외삼문의 왼편에는 정면 3칸, 측면 23칸의 팔작지붕으로 되어 있는 경사재가 있다. 또 외삼문과 일직선상에 내삼문이 있는데, 내삼문에 들어서면 정면 3칸, 측면 2칸의 맞배지붕으로 된 사당이 있다.		

유적명	임실 관곡서원		
소재 지	전라북도 임실군 지사면 관기리 208		
시대	조선시대	성격	서원
내용	조선 영조 12년(1736)에 창건되었다가 고종 5년(1868)에 대원군의 전국 서원철폐령에 의해 훼철되었다. 이후 1952년 후손에 의해 복설되었다. 관곡서원은 정면 3칸, 측면 2칸의 맞배지붕의 기와집이며, 내삼문과 외문이 있다. 외문에는 景天門 현판이 걸려 있다. 이 서원에는 浩然亭 崔潤德을 주벽으로 淸湖堂 李迪, 比巖 李亨南을 배향하고 있다. 향사일은 매년 음력 2월 17일이다.		

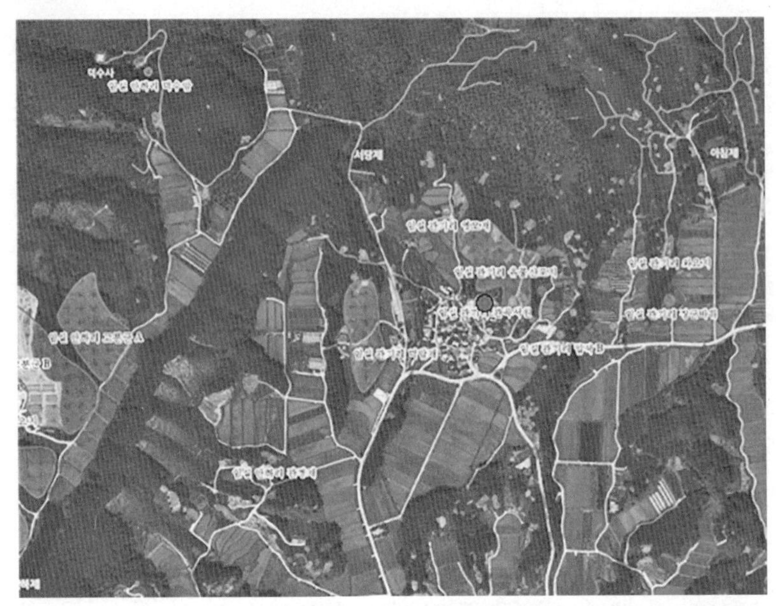

유적명	무주 적상산성(사적 제146호)		
소재지	전라북도 무주군 적상면 북창리 일원		
시대	고려 조선시대	성격	관방유적
내용	적상산성은 조선 세종때 체찰사 최윤덕이 이곳을 살펴본 뒤 반드시 축성하여 보존할 곳이라고 건의한 바 있으며, 고려때 거란과 왜구의 침입에 이미 산성을 이용하여 인근 여러 고을의 백성이 피난한 사실에서 산성은 고려 말에 쌓은 것으로 추정되고 있다. 또 조선시대에는 최윤덕이 군사를 모아 훈련시키던 곳이다. 임진왜란이 끝난 광해군 4년(1612)에 산성 내에 적상산사고를 설치하고『조선왕조실록』과『왕실족보』를 보관하였다. 실록전, 사각, 선원각, 군기고, 대별관, 호국사를 세웠고, 임진왜란 이후 진을 두어 산성을 수축하고 운영하였다. 현재 성벽은 훼손이 심한 상태이며, 성내에는 사각과 건물지 터만 잔존한다. 최근에는 성 내부에 저수지를 만들어 놓았다.		

유적명	해남 대산리 대산사(구 삼충사)		
소재지	전라남도 해남군 옥천면 대산리 655-1		
시대	조선시대	성격	사우
내용	대산사는 철종 13년(1862) 전라도 유림의 발의로 여말선초의 무장으로서 왜구토벌에 공이 컸던 최운해, 최윤덕, 최산정 등 제공의 충의를 추모하기 위하여 후손들이 사우를 건립하였다. 대산사는 강진군 도암면 봉황리에 건립되었으나, 고종 5년(1868) 서원 훼철령에 따라 헐렸다가 1958년경 중건, 1986년에 개축되었고 1994년 현재 위치에 옮겨졌다. 정면 3칸, 측면 1칸 규모의 팔작지붕 건물로, 기와담장에 삼문이 있으며, 사우 옆에는 부속건물로 충묘당이 있다. 해남향교에서 종중과 함께 매년 음력 8월에 제향하고 있다.		

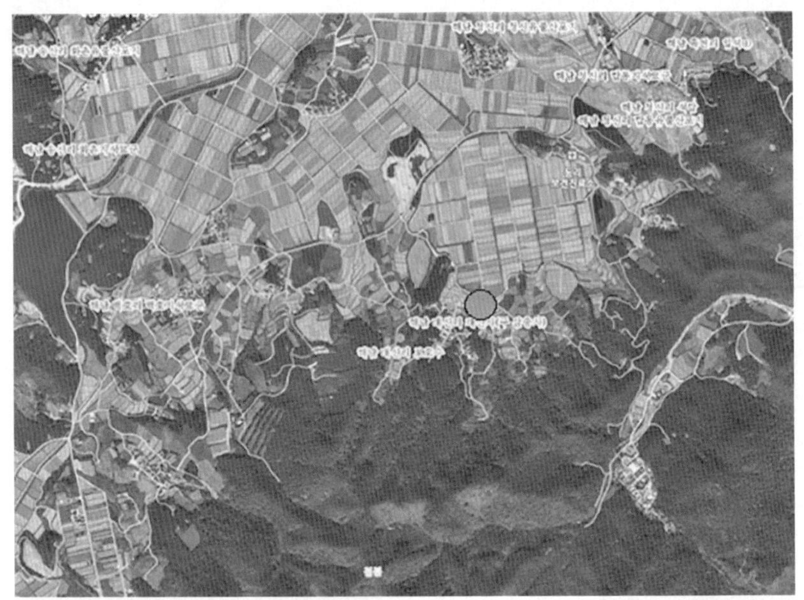

유적명	보령 보령읍성(충청남도 유형문화재 제40호)		
소재지	충청남도 보령시 주포면 보령리 일원		
시대	조선시대	성격	관방유적
내용	보령리 보령중학교가 위치한 곳에 입지하며, 뒤편으로 진당산을 배경으로 하고 있다. 보령읍성의 남문은 保寧官衛門이라는 명칭으로 충청남도 유형문화재 제40호로 지정되었다. 보령읍성은 태종 즉위년(1400)에 鳳堂城을 쌓았으나, 성이 좁고 池가 얕으며 산세의 험준함과 우물이 있는 이로움이 없으므로 세종 12년(1430) 가을에 순찰사 최윤덕과 감사 박안선, 병사 이흥발이 다시 성터를 살펴 봉당성의 동쪽 1리쯤에 있는 지내동의 당산 남쪽에 터를 잡고 서산군수 박눌생과 보령현감 박효성이 몇 개월 만에 성을 완성하였다. 현감 박효성의 뒤를 이은 정대가 1431년 겨울에 부임하여 다음해인 1432년 객사를 비롯한 성내의 건물지를 건축하였다. 성벽은 후대 학교를 지으면서 동벽의 남쪽과 서벽의 북쪽이 파괴되었는데, 복원된 성벽의 둘레는 약 870m 정도이다. 남벽의 문지 좌우는 내의 來築이고 나머지는 內托하여 조선시대 전반기 쌓은 읍성 축성 특징을 잘 나타내 주고 있다. 문은 주통로인 남문[海山樓]과 북문지, 동문지가 남아있다. 성내에서는 기와편과 자기편이 확인되고 있어 성내 곳곳에 건물지가 있었음을 추정할 수 있다.		

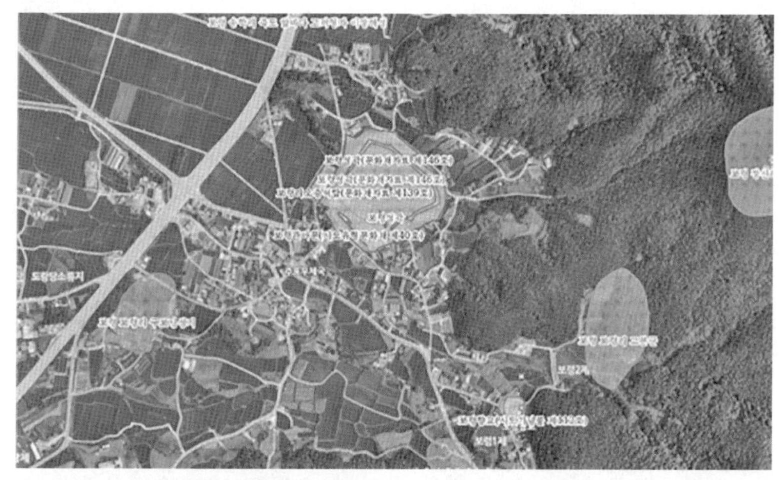

<table>
<tr><td>유적명</td><td colspan="3">서천 서천읍성(충청남도 문화재자료 제132호)</td></tr>
<tr><td>소재지</td><td colspan="3">충청남도 서천군 서천읍 군사리 산 3-7</td></tr>
<tr><td>시대</td><td>조선시대</td><td>성격</td><td>관방유적</td></tr>
<tr><td>내용</td><td colspan="3">충청남도 서천군 서천읍 군사리 일원에 위치한다. 읍성이란 군이나 현의 주민을 보호하고 군사적, 행정적인 기능을 함께하는 성을 말한다. 서천읍성은 흙으로 쌓아 만든 것으로, 한 도읍 전체를 둘러싸고 군데군데 문을 만들어 바깥과 통하게 만든 성이다.
문헌기록으로 보아 서천읍성의 시축은 세종 20년(1438) 혹은 그 이전으로 파악되는데, 특히 영중추원사 최윤덕과 좌찬성 신개 등에 의해 주장되었다. 필축은 문종 1년(1451) 이전으로 파악된다. 잔존하는 성벽의 길이 1,068m, 높이 3m로 현재 동문터의 성벽 일부만 남아 있고, 현재의 성은 영조 27년(1751)에 쌓은 것으로 기록되어 있다. 서천읍성은 「문종실록」에 기록이 없는 해자가 확인되어 해자가 후축되었음을 알 수 있다.</td></tr>
</table>

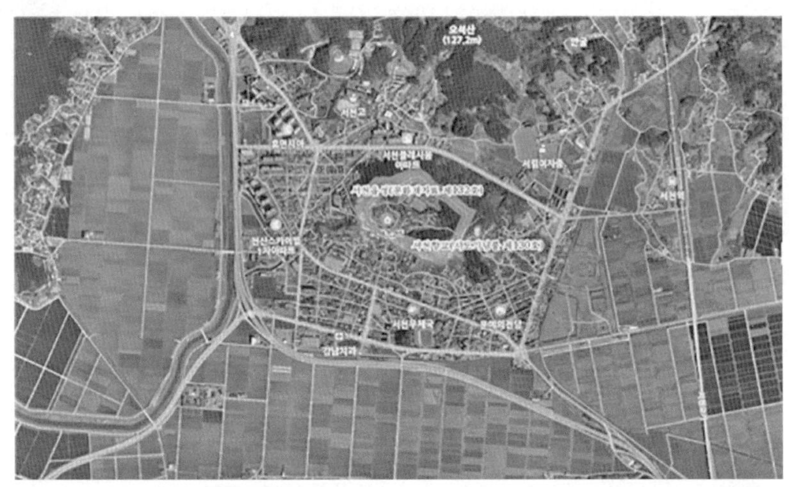

유적명	문경 소야리 최윤덕 장군 동제		
소재지	경상북도 문경시 산북면 소야리 일원		
시대	현대	성격	민속자료
내용	경상북도 문경시 산북면 소야리에서 열리는 정월 동네제사로, 주신은 최윤덕 장군이다. 장군은 약 20여 년 전 한 촌로에 현몽하여 소야리 성황당에 봉안하게 되었다. 매년 정월 초하룻날 有司가 성황신에 치성을 드리고 그 해의 제삿날과 제사절차를 계시받게 된다. 성황제가 끝나면 다음해 당주를 선정하는 신내림이 이어지며, 당주와 제관 등 임원을 선출한다. 이후 나라의 평안과 마을의 대소사와 일년 농사에 대해 성황신에게 묻는다. 성황신은 영험이 뛰어나 온 마을의 기복의 대상이 되고 있는데, 물음에 대해서는 신대의 흔들림으로 대답을 판단한다고 한다. 성황당(당집)은 기와집으로, 내부에 최윤덕 장군의 초상화와 창호지를 걸어 두었다.		

유적명	문경 소야리 최윤덕 장군 동제